アメリカ教育の諸相
2001年以降

赤星晋作

学文社

　　　　　　　　まえがき

　アメリカ教育はおもしろい，というか興味深い。特に学校教育においては，積極的かつ挑戦的な改革を各地で実践しているからである。
　これはたぶん，アメリカの教育行政における地方分権主義，デューイに代表される伝統的なプラグマティズム教育等に依拠するものであろう。
　ただそのために，アメリカ教育の全体像を描くことは困難となる。
　そこで本書では，やや体系性は欠きながらも，最近の，特に2001年，つまり21世紀以降のアメリカ教育の実態を，連邦レベル，各州・学区レベルにおいてポイント，ポイントでみていく。前述のとおりその全体を描ききることはもとより不可能であるが，少なくともこれらは最近のアメリカ教育の実相である。
　そしてまた，これらは最近のわが国における教育の在り方，教育改革を考えていくとき非常に示唆に富むものである。むろん，アメリカの単なる模倣は厳に慎まねばならない。教育をめぐる社会的，文化的，歴史的背景等の差異に目を向けなければならない。しかし，人間の「教育」という営みには共通な点も見いだせるわけで，そうした教育を成立させている諸条件を吟味しつつアメリカ教育から学ぶ点は多い。
　第1章では，まずアメリカの学校教育の概況を探るために，2000年から2004年までの5年間のファイ・デルタ・カッパ／ギャラップ世論調査（Phi delta Kappa/Gallup Poll）結果から公立学校に対する一般市民の考えや意見を分析した。
　第2章では，連邦レベルの大きな施策として2002年より施行されている

NCLB法（No Child Left Behind Act ＝落ちこぼしのない教育法）の内容と課題について，学力テストとアカウンタビリティという点から論じている。

　第3章では，アメリカの学校教師，特に学力低下や生徒非行等で深刻な問題を抱える都市部の学校教師の実態，彼らに対する行政の施策及び課題を，代表的な都市であるフィラデルフィア市において明らかにした。

　第4章では，生涯学習社会，情報化社会等と言われる中で，わが国はもとより世界の多くの国々で学校と地域の連携が推進されているが，そうした中で改めて教師に求められる資質能力を伝統的に学校と地域の連携が活発なアメリカの教師養成教育を中心に探った。

　第5章では，アメリカで大きな成果をあげているペンシルベニア大学（University of Pennsylvania）とウェスト・フィラデルフィア・パートナーシップ（West Philadelphia Partnership）のジョイント・プログラムである都市栄養指導（Urban Nutrition Initiative ＝ UNI）プログラムの事例に注目し，大学における公共サービス，さらには地域改善の在り方について考察している。

　第6章では，アメリカでは公立学校を支援するための非営利組織（Non-Profit Organization ＝ NPO）として地方教育基金（Local Education Fund）が設立されているが，その中で最大組織の1つであるフィラデルフィア教育基金（Philadelphia Education Fund ＝ PEF）にスポットライトを当て，その設立経緯，組織と運営，実際の活動及び成果，課題を明らかにしている。

　なお本書は，私が最近発表したアメリカの教育に関する幾つかの論考に若干の加筆修正をし，また書き下ろしを加えてまとめたものである。ただ第6章に関しては，フィラデルフィア教育基金（PEF）の前身でありその理念を大きく受け継いでいるPATHS/PRISMについて，またPATHS/PRISMからフィラデルフィア教育基金（PEF）への移行期についても説明していた方がPEFをより理解しやすいので，1990年後半の論文も加えている。そして資料として，

まえがき

PATHS/PRISMによる報告書『教師のための職能開発』(*Professional Development for Teachers*)と『戦略プラン』(*Strategic Plan*)の抄訳とその考察を掲載した。

振り返ると，アメリカの教育に関心を持ち，ささやかながら調査研究をし始めてから30年近くになろうとしている。先述のとおり，アメリカ教育はその改革が積極的，挑戦的であるが故におもしろい。しかし一方で，それがために研究者はその改革，改革という流れに振り回されやすい。4～5年たって，その教育プログラムがどのようになっているかみてみると，極めて低調であったり廃止されていたりする。もう新しいプログラムが実践されそれが大々的に報告されたりしているケースが少なくない。

1つの改革プログラムをじっくり研究することなく，新しい改革プログラムに追われてしまうのである。アメリカ教育の研究では，取り上げる教育プログラムの登場背景，プログラムの内容と方法，成果と課題，その後の動向という一連の流れにおいて，着実な研究が特に求められる。

本書をまとめるためにこれまでの論考を読み返してみると，不備な点，反省する点も多い。また逆に手前みそになるが，自分なりによく調べていると思う点もある。これらの研究成果を顧みつつ，今後の私の活動の方向性を明らかにしていきたい。

これまで多くの先生方，学兄にお世話になった。今後とも一層のご指導を賜りたい。またアメリカ研究ということから，ペンシルベニア大学教育学大学院 (Graduate School of Education, University of Pennsylvania) ニューバーグ (N. A. Newberg) 教授，また同大学コミュニティ・パートナーシップ・センター (Center for Community Partnerships) 所長ハーカビィ (I. Harkavy) 教授，WEPIC模写プロジェクト (WEPIC Replication Project) のウィークス (J. M. Weeks) 理事，フィラデルフィア教育基金 (Philadelphia Education Fund; PEF)

のユジーム (E. Useem) 研究員 (現在は「リサーチ・フォー・アクション」(Research for Action) の研究コンサルタント) からは,適切なアドバイスと貴重な資料をいただいた。厚く御礼を申し上げたい。

また本書の論考の一部は,平成18・19年度広島市立大学特定研究費「国際学術研究費」による研究成果であることも付記しておきたい。

最後になってしまったが,本書の出版に際し多大なご高配とご尽力をいただいた学文社,とりわけ編集に際しお世話になった三原多津夫氏に深甚の謝意を表したい。

 2007年初夏

                赤星　晋作

目　　次

第1章　学校教育をめぐる最近の状況——————————————— 9
　第1節　公立学校に対する評価 ……………………………………… 10
　第2節　公立学校のアカウンタビリティ …………………………… 12
　第3節　NCLB法に対する意識 ……………………………………… 15
　第4節　総　括 ………………………………………………………… 21

第2章　NCLB法における学力テストとアカウンタビリティ——— 27
　第1節　落ちこぼしのない教育法
　　　　　（No Child Left Behind Act ＝ NCLB法）……………… 28
　第2節　学力テストに対する一般市民の意見 ……………………… 31
　第3節　学力テストとアカウンタビリティの問題 ………………… 34
　第4節　総括——課題と展望 ………………………………………… 37

第3章　学校教師の現状と課題——フィラデルフィア市————— 45
　第1節　フィラデルフィア市の学校 ………………………………… 45
　第2節　教師をめぐる諸問題 ………………………………………… 49
　第3節　問題解決のための諸施策 …………………………………… 56
　第4節　総括——今後の課題 ………………………………………… 59

第4章　学校・地域の連携と教師教育——教師養成教育を中心に——— 67
　第1節　パートナーシップとその障害 ……………………………… 68
　第2節　学校と地域のパートナーシップに向けた教育プログラム①
　　　　　～教育内容（知識・技能）………………………………… 70
　第3節　学校と地域のパートナーシップに向けた教育プログラム②
　　　　　～教育の方法 ………………………………………………… 74
　第4節　総括——大学における教師養成教育の課題 ……………… 76

第5章　大学と地域改善——都市栄養指導（UNI）プログラム——— 81
　第1節　ペンシルベニア大学とウェスト・フィラデルフィア・
　　　　　パートナーシップ……………………………………… 82
　第2節　都市栄養指導（UNI）の起こりとその発展………………… 86
　第3節　都市栄養指導（UNI）の活動…………………………………… 89
　第4節　総括——ペンシルベニア大学と地域改善 …………………… 92

第6章　教育のための非営利組織（NPO）
　　　　——フィラデルフィア教育基金（PEF）——————— 99
　第1節　PATHS/PRISM ——教育のためのフィラデルフィア・
　　　　　パートナーシップ………………………………………… 100
　　（1）学校と地域のパートナーシップの背景　101
　　（2）PATHS/PRISMの組織と運営　104
　　（3）PATHS/PRISMの活動　106
　　（4）PATHS/PRISMの課題と展望　109
　第2節　PATHS/PRISMからフィラデルフィア教育基金（PEF）へ
　　　　　——移行期の組織と活動………………………………… 112
　　（1）フィラデルフィア教育基金（PEF）の設立　113
　　（2）フィラデルフィア教育基金（PEF）の活動　115
　　（3）カレッジ・アクセス・プログラム／フィラデルフィア・スカラー基金
　　　　（The College Access Program and Philadelphia Scholars Fund）、
　　　　ライブラリー・パワー（Library Power）、スチューデンツ・アツ・
　　　　ザ・センター（Students at the Center）　121
　　（4）今後の課題　126
　第3節　最近のフィラデルフィア教育基金（PEF）の組織と活動 …… 128
　　（1）フィラデルフィア教育基金（PEF）の組織と運営　128
　　（2）フィラデルフィア教育基金（PEF）の活動　131
　　（3）フィラデルフィア教育基金（PEF）の動向と課題　136

資料1　PATHS/PRISMの『教師のための職能開発』
　　　　——抄訳とその考察——————————————— 149
　　2　PATHS/PRISMの『戦略プラン』——抄訳とその考察——— 159

アメリカ教育の諸相
——2001年以降——

第1章　学校教育をめぐる最近の状況

　アメリカの教育，とりわけ学校教育の状況を探る時，個別の学校をみていく方法，教育法や教育プログラムからみていく方法等がある。その中で，一般市民が学校教育をどのように考えているかの世論調査からみていくことも可能であり，重要である。

　アメリカの世論調査の中でファイ・デルタ・カッパ／ギャラップ世論調査（Phi Delta Kappa/Gallup Poll）は，1969年から今日まで公立学校に対する一般市民の考えや意見を調査し，その結果を毎年ファイ・デルタ・カッパン誌（*Phi Delta Kappan*）に公表している。開始年から継続している調査項目もあればその時々の教育問題に関する調査項目も採り入れており，その動向及び最新の教育問題に関する一般市民の考えをみることができる。

　そこで本章では，2000年から04年までのここ5年間のファイ・デルタ・カッパ／ギャラップ世論調査を，まず一般市民は公立学校をどのようにみているのか公立学校に対する評価，次に，生徒の学習（学力）において公立学校・教師の責任をどのように考えているのか公立学校のアカウンタビリティ，さらに2002年成立の人種や社会階層による生徒の学力差を無くし全体的な学力向上を目指す「落ちこぼしのない教育法」（No Child Left Behind Act = NCLB法）に対する意識，という3つの観点から整理分析していく。そして，それらの結果からアメリカの学校教育をめぐる最近の状況と課題を総括する。

第1節　公立学校に対する評価

　アメリカ市民は公立学校をどのようにみているのであろうか。まず、自分の地域の公立学校を、生徒に行う5段階評価（A, B, C, D, 不可）と同様の方法で評価するとどの段階かを問うたのが表1-1である[(1)]。

　この表は1983年から2004年までの12年間の結果を表にしているが、2004年では「A評価」13%,「B評価」34%,「A評価とB評価の合計」47%となっており、約半数の者がA, B評価を付けている。12年間の動向をみてみると、A評価は増加傾向、B評価は横ばいの様子であるが、全体的に公立学校の評価は高くなっていることが分かる。

　ただこの公立学校の評価は、国全体の公立学校として評価した場合、「A評価」2%,「B評価」24%,「A評価とB評価の合計」26%となっており、地域における公立学校の評価と比して低くなっている。一方、自分の子どもが通っ

表 1-1　地域の学校の5段階評価

(%)

	2004	03	01	1999	97	95	93	91	89	87	85	83
A&B	47	48	51	49	46	41	47	42	43	43	43	31
A	13	11	11	11	10	8	10	10	8	12	9	6
B	34	37	40	38	36	33	37	32	35	31	34	25
C	33	31	30	31	32	37	31	33	33	30	30	32
D	10	10	8	9	11	12	11	10	11	9	10	13
不可	4	5	5	5	6	5	4	5	4	4	4	7
分からない	6	6	6	6	5	5	7	10	9	14	13	17

（出典）下記の2つの資料から筆者が作成した。
　・Rose, L. G. and Gallup, A. M. The 35th Annual Phi Delta Kappa/Gallup Poll of the Public's Attitudes Toward the Public Schools. *Phi Delta Kappan*, Vol. 85, No. 1, Sept. 2003, p. 41.
　・Rose, L. G. and Gallup, A. M. The 36th Annual Phi Delta Kappa/Gallup Poll of the Public's Attitudes Toward the Public Schools. *Phi Delta Kappan*, Vol. 86, No. 1, Sept. 2004, p. 44.

第1章 学校教育をめぐる最近の状況

表1-2 地域の学校が取り組まなければならない最も大きな問題

(%)

	全国合計			子どもが学校に通っていない成人			子どもが学校に通っている成人		
	2003	02	01	03	02	01	03	02	01
財政支援／資金／金銭の不足	25	23	15	26	23	15	24	23	17
規律の欠如，より強い規制	16	17	15	17	18	17	13	13	10
過大学校	14	17	10	12	14	7	16	23	15
麻薬／薬物の使用	9	13	9	10	14	9	7	11	10
良い教師／質の高い教師を獲得することが困難	5	8	6	5	8	6	5	8	6
教育の標準／質／基礎	4	※	※	5	※	※	2	※	※
喧嘩／暴力／ギャング	4	9	10	3	9	11	5	9	9
教師の低い給与	4	※	※	4	※	※	3	※	※

※ 0.5%未満
(出典) Rose, L. G. and Gallup, A. M. The 35th Annual Phi Delta Kappa/Gallup Poll of the Public's Attitudes Toward the Public Schools. *Phi Delta Kappan*, Vol. 85, No. 1, Sept. 2003, p. 50.

ている学校を評価した場合,「A評価」24%,「B評価」46%,「A評価とB評価の合計」70%とかなり高く,自分に身近な学校ほど高い評価になっている[(2)]。

地域の学校が取り組まなければならない最も大きな問題は何か問うたのが,表1-2である。

表は,「全国合計」「子どもが学校に通っていない成人」「子どもが学校に通っている成人」ごとに2001, 02, 03年の結果を示しているが,それぞれの項目に対する割合はそれほど高くはなく分散している。2003年の全国合計をみてみると,最も高いのが「財政支援／資金／金銭の不足」(25%)であるが,これは年々増加している。次に「規律の欠如,より強い規制」(16%)であり,ここ3年間の割合は余り変化していない。ただ,この項目は,1969年より調査しているが,最初の17回の調査の内16回がトップであった。後は「過大学校」(14%),「麻薬／薬物の使用」(9%),「良い教師／質の高い教師を獲得することが困難」(5%),「教育の標準／質／基礎」(4%),「喧嘩／暴力／ギャング」

(4%),「教師の低い給与」(4%)と続くが,「麻薬／薬物の使用」は,1986年から6年間トップにランキングされていたが,その頃に比べると相対的に低くなっている。また「喧嘩／暴力／ギャング」は,ここ3年間では減少傾向にあり下位の方に位置づけられている。

　ただ別の質問で,全国的に公立学校が直面している問題として「生徒の規律の欠如」「良い教師を獲得すること」「生徒数が多過ぎること」「喧嘩,暴力,ギャング」の4つをあげ,これらの問題にあなたの地域の学校でどれくらい深刻か,「大変深刻」「幾らか深刻」「余り深刻ではない」「全く深刻ではない」の4段階で答えてもらった結果,「大変深刻」「幾らか深刻」の合計をみると,「生徒の規律の欠如」76%,「良い教師を獲得すること」73%,「生徒数が多過ぎること」71%,「喧嘩,暴力,ギャング」63%となっており,先の問いの結果とは異なった中身が読みとれる。

　この結果をもっと細かくみていくと,「生徒の規律の欠如」に関して,「子どもが学校に通っていない成人」の46%が「大変深刻」としているのに対して,「子どもが学校に通っている成人」ではその33%が「大変深刻」としており,「子どもが学校に通っていない成人」の方が大変深刻としている。「良い教師を獲得すること」では,非白人の60%が「大変深刻」としているのに対して,白人の36%が「大変深刻」としており,非白人の方が大変深刻としている。「喧嘩,暴力,ギャング」では,都市部住民の60%が「大変深刻」としているのに対して,郊外35%,農村部28%となっており,郊外や農村部で低くなっている[3]。

第2節　公立学校のアカウンタビリティ

　アメリカにおいては生徒非行と同様,学力低下も深刻な問題となっている。

第 1 章　学校教育をめぐる最近の状況

表 1-3　生徒の学習に対して最も重要であるのは誰か

(%)

	全国合計	子どもが学校に通っていない成人	子どもが学校に通っている成人
生徒自身	22	23	21
教師	30	31	29
両親	45	42	48
分からない	3	4	2

(出典)　Rose, L. G. and Gallup, A. M. The 36th Annual Phi Delta Kappa/Gallup Poll of the Public's Attitudes Toward the Public Schools. *Phi Delta Kappan*, Vol. 86, No. 1, Sept. 2004, p. 50.

表 1-4　学習失敗の原因

(%)

	「大きな原因」と「原因」の合計	大きな原因になっている	原因になっている	余り原因になっていない	全く原因になっていない	分からない
家庭や親の支援の欠如	93	74	19	5	1	1
生徒自身による関心の欠如	90	60	30	8	1	1
学校における規律の欠如	84	60	24	10	5	1
良い教育の欠如	81	47	34	13	6	※
資金の欠如	78	45	33	14	7	1
地域の教育に関する強調の欠如	78	43	35	15	6	1

※ 0.5%未満
(出典)　Rose, L. G. and Gallup, A. M. The 35th Annual Phi Delta Kappa/Gallup Poll of the Public's Attitudes Toward the Public Schools. *Phi Delta Kappan*, Vol. 85, No. 1, Sept. 2003, p. 51.

そうした中で学校・教師のアカウンタビリティが問われているのであるが，果たしてアカウンタビリティをどのように考えていったらいいのか。幾つかの調査結果をみていく。

　まず，生徒が学校でよく学習するかしないかに最も重要であるのは誰か，「生徒自身」「教師」「両親」の中から選んでもらった結果が表 1-3 である。

これは「全国合計」と「子どもが学校に通っていない成人」「子どもが学校に通っている成人」に分けて示しているが，全国合計をみると「両親」とする者45%，「教師」30%，「生徒自身」22%という結果であり，半数近くの者が子どもの学習において親の役割が最も重要であると考えている[4]。
　次に，生徒が学習に失敗していると思われる理由を6項目あげ，あなたの地域の公立学校でそれが学習失敗の原因になっているかどうかを問うた結果が表1-4である。
　表より，「大きな原因になっている」のは，6割以上の者が「家庭や親の支援の欠如」(74%)，「生徒自身による関心の欠如」(60%)，「学校における規律の欠如」(60%)をあげ，続いて「良い教育の欠如」(47%)，「資金の欠如」(45%)，「地域の教育に関する強調の欠如」(43%)となっている。学習において，家庭や親の役割をより重視していることが分かる[5]。
　ところで，白人の生徒が黒人やヒスパニックの生徒より成績が良いという，白人，黒人，ヒスパニックの生徒間の学力差が認められる。このような学力差を無くすことはどれくらい重要か「大変重要である」「いくらか重要である」「余り重要ではない」「全く重要ではない」の4段階で答えてもらった結果が表1-5である。
　この表は「全国合計」と「子どもが学校に通っていない成人」「子どもが学校に通っている成人」に分け，2001年から04年までの4年間の結果を示しているが，2004年の全国合計をみると約3分の2の者が「大変重要である」とし，「いくらか重要である」とを合計すると約9割になる。2002年が特に高い割合になっているが，それは2002年1月8日大統領署名によりNCLB法が成立したことにもよると考えられる。
　また，このような白人，黒人，ヒスパニックの生徒間の学力差は，大部分学校教育の質に関係するのかそれとも他の要因に関係するものかを問うと，2004

第1章 学校教育をめぐる最近の状況

表1-5 学力差を無くすことの重要度

(%)

	全国合計				子どもが学校に通っていない成人				子どもが学校に通っている成人			
	2004	03	02	01	04	03	02	01	04	03	02	01
「大変重要」と「いくらか重要」の合計	88	90	94	88	89	91	93	89	89	88	96	87
大変重要である	64	71	80	66	65	70	80	66	63	73	80	67
いくらか重要である	24	19	14	22	24	21	13	23	26	15	16	20
余り重要でない	5	5	2	5	4	5	2	5	3	4	2	5
全く重要でない	5	4	3	5	5	3	4	4	7	7	1	6
分からない	2	1	1	2	2	1	1	2	1	1	1	2

(出典) 下記の2つの資料から筆者が作成した。
・Rose, L. G. and Gallup, A. M. The 35th Annual Phi Delta Kappa/Gallup Poll of the Public's Attitudes Toward the Public Schools. *Phi Delta Kappan*, Vol. 85, No. 1, Sept. 2003, p. 48.
・Rose, L. G. and Gallup, A. M. The 36th Annual Phi Delta Kappa/Gallup Poll of the Public's Attitudes Toward the Public Schools. *Phi Delta Kappan*, Vol. 86, No. 1, Sept. 2004, p. 49.

年では「学校教育の質に関係する」19%,「他の要因に関係する」74%,「分からない」7%と, 多くの者が学校教育以外の他の要因にその原因を求めている(6)。

さらに, 白人, 黒人, ヒスパニックの生徒間の学力差の原因を考える際, 以下の6項目は重要であるかどうかを尋ねた結果が表1-6である。

表より,「大変重要である」とする割合が高いのは,「親の参加の量」(90%),「家庭生活と育て方」(87%),「生徒側の関心」(80%),「地域の環境」(66%) となっており, これらは「大変重要」と「いくらか重要」を合計すると9割以上に達する。その後「人種偏見」「家族収入の額」となっている。

第3節 NCLB法に対する意識

アメリカにおいて1983年の『危機に立つ国家』(*A Nation at Risk*) 以降, 特

表1-6 白人，黒人，ヒスパニックの生徒間の学力差の原因

(%)

	「大変重要」と「いくらか重要」の合計	大変重要である	いくらか重要である	余り重要でない	全く重要でない	分からない
親の参加の量	97	90	7	2	1	※
家庭生活と育て方	97	87	10	2	1	※
生徒側の関心	95	80	15	3	1	1
地域の環境	94	66	28	4	1	1
人種偏見	71	42	29	17	9	3
家族収入の額	66	26	40	23	10	1

※ 0.5% 未満
(出典) Rose, L. G. and Gallup, A. M. The 35th Annual Phi Delta Kappa/Gallup Poll of the Public's Attitudes Toward the Public Schools. *Phi Delta Kappan*, Vol. 85, No. 1, Sept. 2003, p. 49.

に学力向上は連邦政府の重要な教育施策となっている。学力向上をねらった主要な法として1994年制定の「2000年の目標―アメリカ教育法」(Goals 2000: Educate America Act)[7]，同年の「アメリカ学校改善法」(Improving America's Schools Act = IASA)[8]があげられるが，さらに2002年に「落ちこぼしのない教育法」(No Child Left Behind Act = NCLB法) が成立した。本法は，1965年初等中等教育法 (Elementary and Secondary Edueation Act of 1965) を改正したものであるが，人種や社会的階層にかかわらず，すべての子どもに学力を保証し学力の底上げを図る包括的な教育法である[9]。ここで，そのNCLB法に関する世論調査結果をみていこう。

その前に，今までNCLB法に関して知っているあるいは聞いたり読んだりした中からこの法に賛成か反対か，または意見を言うに十分知っていないかを問うた結果 (2004年)，「非常に賛成」7%,「いくらか賛成」17%,「いくらか反対」12%,「非常に反対」8%と意見がばらつき割れている。しかし，実際のところ5割以上の者が「賛成や反対意見を言うにその法のことを十分には知っていない」(55%) のである[10]。そこで本調査では，NCLB法に関する質問では，

第1章　学校教育をめぐる最近の状況

表1-7　公立学校で教えるべき内容をどこが決定すべきか

(%)

	全国合計	子どもが学校に通っていない成人	子どもが学校に通っている成人
連邦政府	15	15	18
州政府	22	22	21
地方教育委員会	61	61	59
分からない	2	2	2

(出典) Rose, L. G. and Gallup, A. M. The 35th Annual Phi Delta Kappa/Gallup Poll of the Public's Attitudes Toward the Public Schools. *Phi Delta Kappan*, Vol. 85, No. 1, Sept. 2003, p. 45.

まずNCLB法の内容を簡単に説明してそれぞれについて意見を尋ねる形式をとっている。

表1-7は，公立学校で教えるべき内容を決定する際強い影響力を持つべきところは連邦政府，州政府，地方教育委員会どちらかを問うたものである。

全国合計をみると，「連邦政府」15%，「州政府」22%，「地方教育委員会」61%という結果であるが，約6割の者が地域の教育委員会であるべきであるとし圧倒的に高い。

NCLB法によると，公立学校が改善する必要があるか無いかは単一の州テストにおける生徒の成績に基づくが，単一の州テストは学校が改善を必要とするか否かの公正な状況を提供するかを問うた結果が表1-8である。

2004年の全国合計をみると，「はい」（公正な状況を提供する）31%，「いいえ」（公正な状況を提供しない）67%を示しており，約3分の2が単一の州テストは学校が改善を必要とするか否かの公正な状況を提供しないという。これは，「子どもが学校に通っている成人」の方が「子どもが学校に通っていない成人」より「公正な状況を提供する」割合が低く，「公正な状況を提供しない」割合が高い。

NCLB法によると生徒の成績をみる州テストは英語と数学だけであるが，英

表 1-8　単一の州テストは公正な状況を提供するか

(%)

	全国合計		子どもが学校に通っていない成人		子どもが学校に通っている成人	
	2004	03	04	03	04	03
はい	31	32	33	32	28	31
いいえ	67	66	64	67	70	66
分からない	2	2	3	1	2	3

(出典) Rose, L. G. and Gallup, A. M. The 36th Annual Phi Delta Kappa/Gallup Poll of the Public's Attitudes Toward the Public Schools. *Phi Delta Kappan*, Vol. 86, No. 1, Sept. 2004, p. 46.

表 1-9　英語と数学だけのテストは公正な状況を提供するか，あるいは他の教科も加えるべきか

(%)

	全国合計		子どもが学校に通っていない成人		子どもが学校に通っている成人	
	2004	03	04	03	04	03
英語と数学だけのテストは学校改善が必要かどうかの公正な状況を提供する	16	15	15	14	18	18
テストに他の教科も加えるべきである	83	83	84	84	81	81
分からない	1	2	1	2	1	1

(出典) Rose, L. G. and Gallup, A. M. The 36th Annual Phi Delta Kappa/Gallup Poll of the Public's Attitudes Toward the Public Schools. *Phi Delta Kappan*, Vol. 86, No. 1, Sept. 2004, p. 46.

語と数学だけのテストは学校改善が必要か否かの公正な状況を提供するかどうか，あるいはそのテストに他の教科も加えるべきかを問うと，表1-9のとおりである。

　2004年の全国合計で「英語と数学だけのテストは学校改善が必要かどうかの公正な状況を提供する」16%，「テストに他の教科も加えるべきである」83%，「分からない」1%と，8割以上の者が英語と数学だけのテストではその学校の状況を判断することは難しく，テストには他の教科も加えるべきであるとしている。

表1-10 美術,音楽,歴史等他の教科を重視しなくなるのではないかという懸念の程度
(%)

	全国合計		子どもが学校に通っていない成人		子どもが学校に通っている成人	
	2004	03	04	03	04	03
「大変懸念」と「懸念」の合計	81	80	81	80	85	82
大変懸念する	37	40	35	38	43	45
懸念する	44	40	46	42	42	37
余り懸念しない	13	14	13	13	11	15
全く懸念しない	4	6	4	7	3	3
分からない	2	※	2	※	1	※

※ 0.5%未満

(出典) Rose, L. G. and Gallup, A. M. The 36th Annual Phi Delta Kappa/Gallup Poll of the Public's Attitudes Toward the Public Schools. *Phi Delta Kappan*, Vol. 86, No. 1, Sept. 2004, p. 46.

　さらに,単一のテストで生徒の英語と数学の実力を正確に判断することが可能かどうかを問うてみると,「可能である」25%,「不可能である」73%,「分からない」2%と,約4人の内3人がそれは不可能であると言っている[11]。

　英語と数学だけのテストで学校の実績を判断することは美術,音楽,歴史等他の教科を重視しなくなるのではないか,このことについてどの程度懸念するかを問うた結果が表1-10である。

　2004年の全国合計をみると「大変懸念する」37%,「懸念する」44%,「余り懸念しない」13%,「全く懸念しない」4%となっており,「大変懸念する」と「懸念する」とを合計するとそれは8割を越える。「子どもが学校に通っていない成人」と「子どもが学校に通っている成人」でみてみると,「子どもが学校に通っている成人」の方が「大変懸念する」のパーセンテージが高い(43%)。英語と数学だけのテスト重視により他教科が軽視されるのではないかと考えていることが分かる。

　最近の標準テスト重視は教師にテストのための教育を促進させる,つまりそ

表1-11 標準テスト重視はテストのための教育を促進させるのか，あるいはそういう影響はないか
(%)

	全国合計	子どもが学校に通っていない成人	子どもが学校に通っている成人
テストのための教育を促進させる	66	64	68
そういう影響はない	30	32	27
分からない	4	4	5

(出典) Rose, L. G. and Gallup, A. M. The 35th Annual Phi Delta Kappa/Gallup Poll of the Public's Attitudes Toward the Public Schools. *Phi Delta Kappan*, Vol. 85, No. 1, Sept. 2003, p. 46.

の教科自体を教えることよりそのテストにパスすることに専念させるのではないか，あるいはそういう影響はないか尋ねたところ，表1-11の結果である。

2003年の全国合計をみると「テストのための教育を促進させる」66%，「そういう影響はない」30%，「分からない」4%となっており，約3分の2の者が標準テスト重視により教師はテスト中心の授業を展開するようになるだろう，と考えている。「子どもが学校に通っていない成人」と「子どもが学校に通っている成人」でみてみると，「子どもが学校に通っている成人」の方が「テストのための教育を促進する」のパーセンテージが高く（68%），「影響はない」のパーセンテージが低い（27%）。

最後に，NCLB法では州基準を達成できなかった学校には幾つかの制裁が実施されることになっているが，あなたの地域の公立学校が州基準を達成できなかったとき，次の6つの措置に賛成か反対か問うたものが表1-12である。

賛成のパーセンテージが高い項目をみていくと，「州公認の私的機関による放課後の個人指導を提供する」90%，「生徒へ学区内の他の学校への転校の機会を提供する」86%，「学校の問題を処理するために地方学区から付加金を得る」77%となっており，まずその学校で成績をあげるための個人指導等の取り組みを支持している。続いて「校長の契約を更新しない」56%，「教師の契約を更新しない」56%となっているが，これらの項目に関しては共に反対

第1章 学校教育をめぐる最近の状況

表1-12 州基準を達成できなかったとき,以下の措置に賛成か反対か

(%)

	賛成	反対	分からない
州公認の私的機関による放課後の個人指導を提供する	90	9	1
生徒へ学区内の他の学校への転校の機会を提供する	86	14	—
学校の問題を処理するために地方学区から付加金を得る	77	22	1
校長の契約を更新しない	56	40	4
教師の契約を更新しない	56	40	4
学校を閉鎖する	21	77	2

(出典) Rose, L. G. and Gallup, A. M. The 35th Annual Phi Delta Kappa/Gallup Poll of the Public's Attitudes Toward the Public Schools. *Phi Delta Kappan*, Vol. 85, No. 1, Sept. 2003, p. 46.

40%という結果を示している。「学校を閉鎖する」は賛成よりも反対の者が多く,4分の3以上が反対している。なお,これら6項目の中で「学校の問題を処理するために地方学区から付加金を得る」を除く5つの項目はNCLB法おいて実際履行される措置である。

第4節　総　括

これまで,2000年から04年までの5年間のファイデルタカッパ・ギャラップ世論調査を,公立学校に対する評価,公立学校のアカウンタビリティ,NCLB法に対する意識という側面から概観してきた。

公立学校に対する評価においては,まずA,B,C,D,不可の5段階の評価では,アメリカの公立学校全体として評価した場合C段階の割合が約半数(2004年調査では45%)と最も高く,ついでB評価(24%)となり,総合的にはCの上という程度であり,まあまあの評価を得ているということができよう。ただそれが,地域の学校,自分の子どもが通っている学校となるにつれ,A評価,B評価が増え,自分の子どもが通っている学校では7割の者がA評価あるいは

Ｂ評価と，高い評価を得ている。

　次に，地域の学校が取り組むべき問題として幾つかあげられているが，その中でここ数年は財政問題がトップになっている。これは時代とともに変化がみられ，調査が開始された1969年から80年代半ばまでは「規律の欠如」がトップであり，80年代半ばから90年代初めまでは「麻薬／薬物の使用」がトップであった。「規律の欠如」は依然として上位にランキングされてはいるが，「麻薬／薬物の使用」は一時に比べたら沈静化していることが分かる。ただ，これらの問題を個別に問うと深刻な問題としてあげる者も多く，予断を許さない。

　公立学校のアカウンタビリティについて考えるとき，本調査の結果は興味深い。まず，生徒の学校での学習に対して最も重要であるのは誰かの問いでは，「教師」より「両親」とする者が多い。この傾向は，生徒が学習に失敗していると思われる原因の調査結果からもみてとれる。

　そして，学力問題で白人，黒人，ヒスパニックの生徒間の学力差が言われるが，人種や社会的階層による学力差を無くしすべての子どもに学力を保証することはとても重要である，としている。ただそうした学力差は，学校教育というより他の要因にも関係しているとしており，その要因としてやはり，家庭や親，生徒自身，地域社会をあげているのである。

　何もこの結果は学校，教師に対するアカウンタビリティを軽視しているのではないと考える。公教育において子どもの教育を委託され実践している学校，教師には当然パブリック・アカウンタビリティは求められる。ただ実際，子どもの教育は学校だけでは不可能である。特に，生涯学習社会，情報化社会等と言われる現代社会では，学校，家庭，地域社会の連携が一層重視され，それにより効果的な教育が可能になる。とするならば，学校，教師だけに教育のアカウンタビリティを求めるのではなくて，むろんその中心とはなるが，学校，家庭，地域社会の連携においてアカウンタビリティを考えていくことが大切である。

第1章　学校教育をめぐる最近の状況

　また，NCLB法に対する意識に関しては，以下の6つにまとめられる[12]。
① 公立学校で何を教えるかの決定は地域レベルでなされるべきである，と考えている。
② 単一のテストは学校が改善を必要としているかどうかの公正な状況を提示することはできない，と考えている。
③ 英語と数学だけによるテストは学校が改善を必要としているか否かの公正な状況を提示することはできない，と考えている。
④ 生徒の英語と数学の実力を単一のテストにおいて正確に判断することができるとは考えていない。
⑤ 学校の判定を英語と数学だけのテストに依拠することは，美術，音楽，歴史，その他の教科を重視しなくなるだろう，と懸念している。
⑥ NCLB法による標準テストの強調は教師にテストのための教育を促進させるだろう，と考えている。

　こうしたことからも，NCLB法の州が実施する英語と数学だけのテストによるアカウンタビリティ追求への疑問，それによるテストに向けた教育の重視，他教科の軽視への懸念があることが分かる。

　ただNCLB法に関しては，調査結果にもでていたが，2002年に成立し実際にどういう内容なのか一般市民はよく知らない。今後NCLB法による具体的施策が，各州，各学区・学校で展開されていくと考えられるが，そうした中でのNCLB法の内容，施策に関する一般市民の意見の動向をさらに追っていく必要がある。

　ところで本論では，ファイ・デルタ・カッパ／ギャラップ世論調査のみの分析であったが，他の世論調査結果，NCLB法の影響を最も直接的に受ける学校教師，あるいは校長，教育長を対象にした調査の結果と比較考察していくことも求められる[13]。

さらに，世論調査という統計的調査を補うために，個々の事例を具体的にみていく事例調査が必要である。例えば，表1-2の「地域の学校が取り組まなければならない最も大きな問題」の調査でも述べてきたが，その結果は都市部，郊外，農村部等で異なるし，各学区において大きく異なる事柄がある。特に教育における地方分権が徹底しているアメリカにおいては，個別にもみていかないと学校教育のより客観的な状況を把握することはできない。
　これらは，今後明らかにしていかなければならない。

注
(1) Lose, L. C. and Gallup, A. M. The 35th Annual Phi Delta Kappa/Gallup Poll of the Public's Attitudes Toward the Public *Schools*. *Phi Delta Kappan*, Vol. 85, No. 1, Sept. 2003, p. 41.
　　本調査は，2003年5月28日から6月18日の間に実施された，1011名の成人（18歳以上）を対象にした電話インタビュー調査である。
　・Lose, L. C. and Gallup, A. M. The 36th Annual Phi Delta Kappa/Gallup Poll of the Public's Attitudes Toward the Public Schools. Phi Delta Kappan, Vol. 86, No. 1, Sept. 2004, p. 44.
　　本調査は，2004年5月28日から6月18日の間に実施された，1003名の成人（18歳以上）を対象にした電話インタビュー調査である。
(2) Lose, L. C. and Gallup, A. M. The 36th Annual Phi Delta Kappa/Gallup Poll of the Public's Attitudes Toward the Public Schools. *Phi Delta Kappan*, Vol. 86, No. 1, Sept. 2004, p. 44.
(3) Lose, L. C. and Gallup, A. M. The 34th Annual Phi Delta Kappa/Gallup Poll of the Public's Attitudes Toward the Public Schools. *Phi Delta Kappan*, Vol. 84, No. 1, Sept. 2002, pp. 51-52.
　　本調査は，2002年6月5日から6月26日の間に実施された，1000名の成人（18歳以上）を対象にした電話インタビュー調査である。
(4) 別の質問において，生徒が学校で学習するかどうか決定する重要な要因は「学校」か「両親」か尋ねたところ，全国合計では「学校」30%，「両親」60%，「分からない」10%となっており，6割の者が「両親」としている。ただ，「子どもが学校に

第 1 章　学校教育をめぐる最近の状況

通っている成人」の方が「子どもが学校に通っていない成人」より「学校」とする割合が高く（36%，27%），「両親」とする割合は低い（55%，63%）。(Lose, L. C. and Gallup, A. M. The 32nd Annual Phi Delta Kappa/Gallup Poll of the Public's Attitudes Toward the Public Schools. *Phi Delta Kappan*, Vol. 82, No. 1, Sept. 2000, p. 48. 本調査は，2000年6月5日から6月29日の間に実施された，1093名の成人（18歳以上）を対象にした電話インタビュー調査である）

(5) こうした中，公立学校は学習面と生活面において付加的な責任を長年負ってきたが，今日公立学校は本来の業務を越えて余りにも多くの責任を負っているかどうかの問いには，全国合計で「そう思う」54%，「そう思わない」41%，「分からない」5%となっている。さらに「そう思う」者にこの問題を解決するためのベストな方法は何か3項目から答えてもらったところ，「学習面の責任を軽減する」3%，「生活面の責任を軽減する」69%，「学習面，生活面の両方の責任を軽減する」25%となっており，約7割近くの者が生活面の責任の軽減を支持している。(「子どもが学校に通っている成人」に限ってみると，「そう思う」49%，「そう思わない」48%，「分からない」3%となっている。子どもが学校に通っている成人の学校への期待が高いことが分かる）(Lose, L. C. and Gallup, A. M. The 34th Annual Phi Delta Kappa/Gallup Poll of the Public's Attitudes Toward the Public Schools. *Phi Delta Kappan*, Vol. 84, No. 1, Sept. 2002, pp. 54-55)

(6) Lose, L. C. and Gallup, A. M. The 36th Annual Phi Delta Kappa/Gallup Poll of the Public's Attitudes Toward the Public Schools. *Phi Delta Kappan*, Vol. 86, No. 1, Sept. 2004, p. 49.

(7) Goals 2000: Educate America Act. *P. L. 103-227*, Mar. 31, 1994.
　　本法では，2000年までに達成すべき8つの国家教育目標を規定した。

(8) Improving America's Schools Act. *P. L. 103-382*, Oct. 20, 1994.
　　本法は，基準に基づいた改革運動（standard-based reform movement）のはしりとされている。

(9) No Child Left Behind Act, *P. L. 107-110*, Jan. 8, 2002.

(10) Lose, L. C. and Gallup, A. M. The 36th Annual Phi Delta Kappa/Gallup Poll of the Public's Attitudes Toward the Public Schools. *Phi Delta Kappan*, Vol. 86, No. 1, Sept. 2004, p. 45.

(11) *Ibid.*, p. 46.

(12) Lose, L. C. and Gallup, A. M. The 35th Annual Phi Delta Kappa/Gallup Poll of the Public's Attitudes Toward the Public Schools. *Phi Delta Kappan*, Vol. 85, No. 1,

Sept. 2003, pp. 45-46.
(13) 例えば，教師，校長や教育長を対象にした NCLB 法に関連するアンケート調査結果は以下の報告書や論文にある。
- Johnson, J. and Duffett, A. *Where We Are Now: 12 Things You Need to Know about Public Opinion and Public Schools*. Public Agenda, 2003.
- Pedulla, J. J. State-Mandated Testing-What Do Teachers Think? *Educational Leadership*, Vol. 61, No. 3, Nov. 2003, pp. 42-46.
- Johnson, J. What School Leaders Want. *Educational Leadership*, Vol. 61, No. 7, Apr. 2004, pp. 24-27.

第2章 NCLB法における学力テストと
アカウンタビリティ

　わが国はもとより世界の多くの国々において，学力低下，生徒非行等教育病理現象が深刻化している。そうした中で学校教育の質が問われている。特に学力向上は学校教育の主たる目標であるが，今日その低下がみられ大きな教育及び社会の問題となっている。

　ところでアメリカにおいて，2002年1月8日の大統領署名により，公法107-110として1965年初等中等教育法（Elementary and Secondary Education Act of 1965）を改正したNCLB法が成立した。NCLB法は，ショート・タイトルとして「No Child Left Behind Act」とされるが，正式には「An Act to Close the Achievement Gap with Accountability, Flexibility, and Choice, so that No Child Is Left Behind」（落ちこぼしのない教育のために，責任，柔軟，選択のある学力差を無くすための法律）といい，端的には学力向上を意図した教育改革のための法律である。

　そこでまず，NCLB法はいかなる法なのかを探り，特にその中で言われている学力テストを中心にしてアカウンタビリティの問題について考えていく。最後に，学力テストとアカウンタビリティの課題を展望していく。

　アカウンタビリティ（accountability）という用語は，正確には「行為に対して責任を受け入れる，説明をする義務あるいは意志」等とされる[1]。本章では，NCLB法の主旨からして「結果，成果に対する責任」（accountability for result）

という意味で使用する。

第1節　落ちこぼしのない教育法 (No Child Left Behind Act = NCLB法)

　1983年，全米で異例な程の反響を呼んだ『危機に立つ国家』(A Nation at Risk) が発表された。そこでは，アメリカのかつての商業，工業，科学，技術革新における優位を脅かす，正に国家を危機的状況に追い込むような深刻な学力低下の問題が指摘された[2]。その後，『国家の応答』(The Nation Responds) にも記されているように積極的に教育改革に取り組んでいくが，学力向上が連邦政府の重要な政策的課題となっていく。

　そして，1994年には，2000年までに達成すべき8つの国家教育目標を規定した「2000年の目標—アメリカ教育法」(Goals 2000: Educate America Act) が制定された[3]。また同年，基準に基づいた改革運動 (standard-based reform movement) のはしりとされる「アメリカ学校改善法」(Improving America's Schools Act = IASA) が制定された[4]。

　NCLB法は，基本的にはこうした流れの中で成立するのであるが，人種や社会的階層にかかわらず，すべての子どもに学力を保証し学力の底上げを図る包括的な教育法である。

　本法の目的は，特にタイトルⅠ「恵まれない境遇にいる子どもたちの学力の改善」のセクション1001「目的の陳述」において明らかになっている[5]。

　そこでは，すべての子どもが高い質の教育を受け，また最低限挑戦的な州の学力基準と学力評価を達成するために，公正，平等，かつ意義のある機会を持つことを保証する，としている。そして，この目的を達成するために以下の12項目をあげている。

　(1) 高い質の学力評価，アカウンタビリティ・システム，教員養成と研修，

カリキュラム，そして教材が，挑戦的な州の学力基準と確実に連動していること。その結果，生徒，教師，保護者，管理職は，生徒の学力に対する共通の期待に応えることができる。
(2) 経済的に貧困地域の学校の低学力の子ども，英語能力の低い子ども，移住してきた子ども，障害のある子ども，インディアンの子ども，反抗的なあるいは非行のある子ども，そしてリーディング・アシスタントの必要な子どもの教育要求に合致している。
(3) 高い学力の子どもと低学力の子どもの学力差，特に少数民族と非少数民族の生徒，また恵まれない境遇にいる子どもたちとより恵まれた境遇にいる仲間の間の学力差を無くす。
(4) 学校，地方教育行政機関，州にすべての生徒の学力向上に対する責任を持たせる。そして，高い質の教育を受けることを可能にする学校への選択肢を生徒に提供するとともに，高い質の教育をすることができなかった学校を確認しそれを改善する。
(5) 最も必要性のある地方教育行政機関と学校に差をつけて諸資源を配分し十分に見定める。
(6) 生徒が挑戦的な州の学力及び内容の基準を達成し，全体的に，特に恵まれない境遇にいる子どもの学力向上を保証するために設計された州評価システムを使用することによって，アカウンタビリティ，教育そして学習を改善し強化する。
(7) 生徒の成績に対するより強力な責任と引き換えに，学校と教師により強力な意思決定権限と柔軟性を与える。
(8) 子どもに，教育する時間の質と量を増やす学校規模のプログラムや付加的なサービスの活用を含む，子どもの発達を促す充実した教育プログラムを提供する。

(9) 学校規模の改革を促進する。そして，効果的なまた科学的な教育戦略と挑戦的な学問内容へ子どもが接近することを保証する。
(10) 職能開発のための実質的な機会を持って参加している学校に，スタッフを提供することによって教育の質を十分にあげる。
(11) 他の教育サービスとともに，そして可能な限り若者，子ども，家族にサービスを提供する機関とともに，このタイトルのすべてのパートのサービスを調整する。
(12) 子どもの教育に参加するための実質的かつ意義のある機会を両親に提供する。

そして，これらの内容を実施するために財政的支援をする[6]。例えば，地方教育行政機関への補助金として，以下のように定められている。

2002年度	$13,500,000,000	2003年度	$16,000,000,000
2004年度	$18,500,000,000	2005年度	$20,500,000,000
2006年度	$22,750,000,000	2007年度	$25,000,000,000

またそれぞれのプロジェクトごとに，例えば「Reading First」に2002年度$900,000,000，「Early Reading First」に2002年度$75,000,000，その後5年間必要な額の補助金を支給する，等となっている。

NCLB法においては，その法の正式名称にあるとおり「すべての生徒の学力向上に対して，州，学区，学校にアカウンタビリティを強く求める」，そのために「連邦補助金の使用に関しては，各州，学区に大きく裁量権限を委譲する」，そして「アカウンタビリティの低い，つまり成果をあげない学校に通っている生徒とその親により多くの選択肢（他の学校への転校，個人教授や放課後プログラムへの参加等）を与える」ということである[7]。

この中で核となるのは教育の成果に対するアカウンタビリティであるが，何

第 2 章　NCLB 法における学力テストとアカウンタビリティ

を，どのように評価するかが問題となる。それについては，まず各州に全公立学校を対象とする州規模のアカウンタビリティ・システムを要求する。それは「読解」(reading) と「数学」(mathematics) における挑戦的な州基準，第 3 学年から第 8 学年のすべての生徒に対する毎年のテスト (testing)，すべてのグループの生徒が 12 年間で十分な学力をつけることを保証する州規模の達成目標に基づくものである。州規模の目標に照らし合わせて「年間到達目標」(Adequate Yearly Progress = AYP) が達成されなかった学校は，改善，修正するアクション，州基準を達成するための再建が求められる[8]。

要するに，各州で「読解」「数学」に学力基準を設け，それを達成したかどうかテストで評価し，その評価によって十分な達成がなされない学校には，達成のための改善策が明確に求められるのである。「読解」「数学」の学力を中心に据え，それを毎年のテストによってその達成状況をみていく。とするならば，ここでは学力テストが重要な意味を持ってくる。

第 2 節　学力テストに対する一般市民の意見

NCLB 法の概略は以上のとおりであるが，その中でポイントとなる学力テストについて一般市民はどのように考えているのか。学力テストの実施に対する意見を，ここ数年のファイ・デルタ・カッパ／ギャラップ世論調査 (Phi Delta Kappa/Gallup Poll) からみていきたい。

まず，国家の教育プログラムとして以下のそれぞれに賛成か反対か，を問うた結果は次のようになっている[9]。これは 2001 年の調査である。

それぞれの項目に賛成の割合は高いが，特に「生徒がどれくらい学習したかに対するアカウンタビリティを公立学校に持たせる」は 8 割強と非常に高い。テストの使用の増加に関しては，賛成・反対の割合はほぼ 2：1 となっている。

表2-1 次にあげる国家の教育プログラムに賛成か反対か

(%)

	賛成	反対	分からない
生徒の学力を測定するために標準化されたテストの使用を増やす	63	35	2
生徒がどれくらい学習したかに対するアカウンタビリティを公立学校に持たせる	81	18	1
連邦政府の補助金をどのように活用するかの決定においてより多くの権限を州に与える	71	25	4

(出典) Lose, L. C. and Gallup, A. M. The 33rd Annual Phi Delta Kappa/Gallup Poll of the Public's Attiudes Toward the Public School. *Phi Delta Kappan*, Vol. 83, No. 1, Sept. 2001, p. 55.

表2-2 学力テストの強調の程度

(%)

	全国合計					子どもが学校に通っていない成人					子どもが学校に通っている成人				
	2004	02	01	00	1997	2004	02	01	00	1997	2004	02	01	00	1997
強調され過ぎている	32	31	31	30	20	30	30	29	28	20	36	32	36	34	19
十分には強調されていない	22	19	22	23	28	23	20	22	26	28	20	14	20	19	26
適切に強調されている	40	47	44	43	48	40	46	45	41	46	43	54	43	46	54
分からない	6	3	3	4	4	7	4	4	5	6	1	–	1	1	1

(出典) Lose, L. C. and Gallup, A. M. The 36th Annual Phi Delta Kappa/Gallup Poll of the Public's Attitudes Toward the Public Schools. *Phi Delta Kappan*, Vol. 86, No. 1, Sept. 2004, p. 48.

ところで，公立学校において学力テストがどれほど強調されているかを問うたところ，表2-2のようになっている[10]。これは，NCLB法成立前の1997年から成立後の2004年までの推移を，「全国合計」「子どもが学校に通っていない成人」「子どもが学校に通っている成人」に分類して示している。

全国合計をみると，2004年では4割が「適切に強調されている」としており，約3分の1（32%）が「強調され過ぎている」，2割強（22%）が「十分には強調されていない」としている。ただし，97年からの動向をみていくと「強調され過ぎている」は年々増えており，「十分には強調されていない」は減少，

第2章　NCLB法における学力テストとアカウンタビリティ

表2-3　生徒の学力を測定する最も良い方法

(%)

	全国合計			子どもが学校に通っていない成人			子どもが学校に通っている成人		
	2002	01	00	2002	01	00	2002	01	00
テストの得点	26	31	26	28	31	28	22	31	23
教室での活動やホームワーク	53	65	68	50	65	66	61	66	71
両者	20	−	−	21	−	−	16	−	−
分からない	1	4	6	1	4	6	1	3	6

(出典) Lose, L. C. and Gallup, A. M. The 34th Annual Phi Delta Kappa/Gallup Poll of the Public's Attitudes Toward the Public Schools. *Phi Delta Kappan*, Vol. 84, No. 1, Sept. 2002, p. 53.

横ばいの様子である。また，子どもが学校に通っていない成人と通っている成人では，「子どもが学校に通っている成人」の方が，相対的に「適切に強調されている」「強調され過ぎている」の支持が高く，「十分には強調されていない」の支持が低い。

次に，生徒の学力を測定する最も良い方法は何か，3項目から選択してもらったのが表2-3である[11]。2000年から2002年までの推移を，前問同様，「全国合計」「子どもが学校に通っていない成人」「子どもが学校に通っている成人」に分けて示している。

2002年の全国合計をみると，半数以上（53%）が「教室での活動やホームワーク」としており，約4分の1（26%）が「テストの得点」と言っている。ただこれも，「子どもが学校に通っていない成人」と通っている成人では相違があり，「子どもが学校に通っている成人」の方が，相対的に「教室での活動やホームワーク」の支持が高く，「テストの得点」の支持が低くなっている。

さらに具体的に，NCLB法では毎年のテストに基づいて第3学年から第8学年まで生徒の進捗状況を調査することが要求されているが，自分の地域の公立学校でこのようなテストに賛成か反対かを問うた結果が表2-4である。これ

表2-4 テストに賛成か反対か

(%)

	全国合計	子どもが学校に通っていない成人	子どもが学校に通っている成人
賛成	67	69	65
反対	31	29	34
分からない	2	2	1

(出典) Lose, L. C. and Gallup, A. M. The 34th Annual Phi Delta Kappa/Gallup Poll of the Public's Attitudes Toward the Public Schools. *Phi Delta Kappan*, Vol. 84, No. 1, Sept. 2002, p. 45.

は2002年の調査である。

全体的には,「賛成」「反対」の割合は概ね2対1の比率で「賛成」が多いものの,「子どもが学校に通っている成人」の場合,「賛成」の割合が若干減少し,「反対」の割合が若干高くなる[12]。

これらの調査結果からみる限り,生徒の学力の達成状況を測る手段としてテストを利用することに対するある程度の支持はあると判断してよいであろう。しかしそれは,全面的な支持というより,少なからぬ批判や疑問の残るものである。

このことは別の調査からみても明らかである。例えば,「進級の基準としてテストのみの結果を利用する」ことには,保護者75%,教師89%,生徒62%が反対している。そして,「標準化されたテストの得点と教師の評価を利用すべきである」には,保護者83%,教師80%,生徒71%が賛成しているのである[13]。

第3節　学力テストとアカウンタビリティの問題

NCLB法では,すべての子どもがある一定水準の学力を獲得することをねらい,そのために各州は学力基準を設定し,その達成状況を絶えず評価し,それ

第2章　NCLB法における学力テストとアカウンタビリティ

に基づいて学校教育を修正，改善していく。そして，その評価に活用されるのが学力テストであり，それによって州，学区，学校，教師のアカウンタビリティが問われることになる。

　では，このような学力向上を目指すとき，「読解」「数学」の学力テストと評価，それによるアカウンタビリティの追求は果たして妥当なのであろうか。

　これに対して，NCLB法は皮肉にもその名称とは反対の結果，つまり多くの生徒，特に低所得や少数民族の子どもにマイナスの結果を生み出してしまうのではないか，と指摘される[14]。生徒の進捗状況を把握するために，標準化されたテスト，特に「読解」と「数学」の学力テストの得点が重視されることから，それらの科目の得点向上に焦点化された教育活動が展開される。その結果，現在低所得や少数民族の子どもの割合の高い学校の学力は一般的には低いが，そうした学校では，彼らの今の状況に合致した，最も必要とされる教育内容を学習するというより，そのテストにパスするように指導されるのではないか。そして，「読解」と「数学」の内容をただ単にテストの内容と形式に添ったものに引き下げてしまうのではないか。さらには，テストされる以外の科目，例えば，社会科や美術等の科目は軽視あるいは排除されてしまうのではないか，と言われる[15]。

　1980年代半ば以降，地域とより一層連携しながら，地域の諸機関・団体の資源を活用しつつ子どもの教育を考えていこうとする動き，いわゆる学校と地域のパートナーシップが盛んになり，大きな成果をあげてきた。

　例えば，全国的に注目されているウェスト・フィラデルフィア改善組織（West Philadelphia Improvement Corps = WEPIC）におけるターナー中学校（Turner Middle School）のコミュニティ・ヘルス（community health）をテーマとした「スクールデイ・プログラム」。同じく，ウェスト・フィラデルフィア高校（West Philadelphia High School）での，建築業に基礎を置いたカリキュラ

ムと勤労に基礎を置いた学習である「建築技術プログラム」等である(16)。

　これらは，地域社会を中心とした（community-centered），また行動や活動を重視した（action-oriented）カリキュラムである。ここでの学習は，地域社会の出来事や問題のあらゆる局面に関連した経験的なもの，直接的なものを中心としているが，それは単に経験にとどまらず，それをベースにアカデミックな内容の学習へと発展していく。さらに，アカデミックな内容の学習は新たな経験，実践を生み，それらの効果的なサイクルがみられる。

　そして，彼らは学力とともに行動や態度変容をなしている。WEPICの活動において，自信や自尊心，独立心や自制心の涵養，個人的及び社会的責任，リーダーシップ能力，地域活動への参加等において態度変容が報告されている。

　このように，子どもの興味関心，身近な地域の問題等とアカデミックな内容を統合していくようなカリキュラムにおいて多大な成果をあげてきた。それは，地域の，地域の子どもの実態に即した，多様なカリキュラムである。しかしNCLB法の下では，こうした学校と地域のパートナーシップによる多様な教育プログラムは，連邦，州レベルにおいて次々とカットされている(17)。

　また，画一的，限定的なカリキュラム，学力テストによる生徒の分類，これは古い産業社会（industrial society）への逆行である，と指摘されている(18)。産業社会の学校では生徒間の競争が促され，そこではすべての生徒に対する価値と可能性を支援することより，より早い学習，発達が求められた。しかし，脱工業（産業）社会（post industrial society）としての現在さらにはこれからの社会においては，読み，書き，計算という基本的技能はむろんのこと，さらにこれらの伝統的な内容に加えて，話し聞く技能，問題解決能力，創造的思考力，学習の仕方の技能，協働し組織的に活動する技能等が重要になってくる(19)。

　なるほど，学力テストにおいて知識や技能の量は測定することが可能であろう。しかしそれは，「読解」「数学」の州基準に基づいた限定された範囲の知識

や技能である。そして、テストの得点という成果、結果主義であるから、そのプロセスが軽視される。その子どもがどのようなプロセスにおいて学習しているのか、知識があるないではなく、子どもの学習の内面、段階もみることができない。また、その知識がどのような意味を持つのか、実際生活にどのように応用されるのかも問われることなく、単なる知識のための知識となってしまう。また一方で、学力テスト自体、先にあげたような諸能力を測ることは困難である。

とするならば、「読解」「数学」を中心に据えた学力基準の設定、それの標準テストによる評価、さらにはその評価によるアカウンタビリティの追求は、極めて妥当性を欠くと言わざるを得ない。

第4節　総括——課題と展望

これまで、NCLB法を概観し、学力テストとアカウンタビリティについて幾つかの問題点を明らかにしてきた。しかしこれは、学力テスト及びアカウンタビリティの否定を言っているのではない。行政機関、学校、教師は、自らの教育営為に対して相応の成果をあげる責任があり、生徒の学習を改善し、より効果的な学校を創造していかなければならない。また、学力テストも否定されるべきではない。先のギャラップ世論調査から、一般市民もこのように考えている。

ただ問題なのは、アカウンタビリティの方法として学力テストのみを重視し過ぎることである。

学力テストは、多様な子どもの能力と学習をより公正正確に評価するため活用される道具の1つである。よって大切なことは、学力テストのみを重視するのではなくて、教育と学習を改善するための多様な評価形態の採用である。例

えば，学習記録，成し遂げた活動の記録，ポートフォリオ等の資料，展示物等の活用である。高い質の学習は，すべての生徒に対する同様な教育内容，同様の評価によってなされるものではない。そこには，違い，多様性が求められるのである[20]。

マサチューセッツ州の教育改革連合（Coalition for Authentic Reform in Education ＝ CARE）—公正テスト評価改革ネットワーク支部（Fair Test Assessment Reform Network Affiliate）—の試みは示唆的である。当連合は，1998年から実施されているマサチューセッツ総合評価システム（Massachusetts Comprehensive Assessment System ＝ MCAS）テストを批判し，各学校で学力を多面的に評価するために多様なデータを活用する評価とアカウンタビリティのプランを提案している。そして，収集された情報は，保護者，地域住民に報告され，それに基づいてこれから学校をどのようにしていったらいいのか，何をすべきか等を話し合う。真の学校の改革は，教師，保護者，地域住民を交えた協力的な営みであるべきであるとして，アカウンタビリティの核心を，参加的な民主主義を通したコミュニティの参画に求めている[21]。

これからの社会においては，先に述べたように基礎的な学力のみにとどまらず，問題解決能力，創造的思考力，協働していく能力等が求められている。それらはテストという方法のみによるのではなく，多様な方法によって評価し育んでいくことが大切である。そして，アカウンタビリティも学校，教師が中心とはなるが，学校，家庭，地域社会で共有していくことこそが求められる[22]。実践的なレベルで，各州がどのような量と質（レベル）の学力基準を設定するのか，どのような評価及びアカウンタビリティ・システムを開発していくのか，一層問われている。

ところで本章では，主に学力テストとアカウンタビリティを中心に論じてきたが，NCLB法に関しては他にも問題点は指摘されている。

第2章 NCLB法における学力テストとアカウンタビリティ

例えば，基準としてのテストの得点を達成させるための措置（制裁）として，学区内での転校，一部生徒だけの個別指導，学力向上のための学校再建等は逆効果になるのではないか。これらの措置は，教師対保護者，保護者対保護者，学校対学校の関係を悪化させるのではないか，と懸念されている。現に保護者の一部が，テスト得点の低い学校からの生徒の転入に反対している学校もある(23)。

また，連邦政府の財政的支援の不備も指摘される。評価及びアカウンタビリティ・システムの開発をはじめとしてNCLB法において定められた条項を遂行していくためには，規定の補助金額では十分ではない。すべての生徒の学力基準達成を可能にするためには，現在の低所得家族の子ども1人に対する教育支出を約2倍にする必要があると言われている。しかし連邦政府の補助金の増額はされず，その結果各州に学校への財政も含めた諸資源の提供を押し付けることになる(24)。

NCLB法は，2002年に施行されたばかりである。先の世論調査からも明らかなように，教育改革をやめ現状のままで良しとはしない。改革は必要とされているのであり，これらの課題を克服していくこと，そのために必要な修正をしていくことが求められる(25)。

注
(1) *Merriam-Webster's Collegiate Dictionary (10th ed.)*. Merriam-Webster, 1993.
(2) National Commission on Excellence in Education. *A Nation at Risk: The Imperative for Educational Reform*. 1983. （橋爪貞雄訳「危機に立つ国家」橋爪貞雄『危機に立つ国家―日本教育への挑戦―』黎明書房，1984年）
　　その他にも，当時の学校教育の荒廃，学力低下の問題を指摘した報告書や論文がある。例えば，以下の文献である。
　・Boyer, E. L. *High School: A Report on Secondary Education in America*. Harper & Row, 1983.
　・Goodlad, J. I. *A Place Called School: Prospects for the Future*. McGraw-Hill, 1984.

(3) Goals 2000: Educate America Act. *P. L. 103-227*, Mar. 31, 1994.

　1989年，時のブッシュ（G. H. W. Bush）大統領は全国の州知事とシャーロッテビルにて「教育サミット」（Education Summit）を開催した。そして翌90年に，2000年までに達成すべき国家の6つの教育目標（National Education Goals）を発表した。掲げられた国家の6つの教育目標にさらに2つの目標を加えて，それを達成するために「2000年の目標―アメリカ教育法」（Goals 2000: Educate America Act）が制定された。2000年までに達成すべき8つの国家教育目標は以下のとおりである。

① すべての子どもは学習する準備をもって就学する。
② ハイ・スクールの卒業率は90%以上とする。
③ すべての生徒は，第4, 8, 12学年において，英語，数学，理科，外国語等の主要な科目において一定水準の学力を習得して進級する。またすべての学校は，生徒が持っている能力を十分伸ばすことを保証する。その結果彼等は，責任ある市民性，さらなる学習，国家経済における生産的な雇用に対応することができる。
④ 教師集団は，継続的な職能成長のプログラムと次世紀の生徒を教育するために必要な知識と技術を習得する機会を持つ。
⑤ アメリカの生徒は，数学と理科の学力において世界1位になる。
⑥ すべての成人は識字能力を持ち，世界経済で競争する，そして市民としての権利と義務を履行するに必要な知識と技術を所有する。
⑦ すべての学校は，ドラッグ，暴力，銃の不法所持，アルコールを追放する。そして，学習するにふさわしい規律ある環境を提供する。
⑧ すべての学校は，子どもの社会的，情緒的，知的発達を促すことにおいて両親の参加を活性化するパートナーシップを促進する。

(4) Improving America's School Act. *P. L. 103-382*, Oct. 20, 1994.
(5) Sec. 1001 Statement of Purpose, Title I-Improving the Academic Achievement of the Disadvantaged, No Child Left Behind Act. *P. L. 107-110*, Jan. 8, 2002.
(6) Sec. 1002 Authorization of Appropriations, Title I-Improving the Academic Achievement of the Disadvantaged, No Child Left Behind Act. *P. L. 107-110*, Jan. 8, 2002.
(7) Executive Summary, http://www.ed.gov/nclb/overview/intro/execsumm.html, 04. 6. 23.

　Introduction: No Child Left Behind. http://www.ed.gov/nclb/overview/intro/index.html, 04. 6. 23.

第2章　NCLB法における学力テストとアカウンタビリティ

(8) *Ibid.*
　　わが国において NCLB 法に言及している研究論文は，矢野裕俊「アメリカにおける学力問題―基準の設定とアカウンタビリティがもたらすもの―」（日本比較教育学会編『比較教育学研究』第29号，東信堂，2003年），湯籐定宗・滝沢潤「アメリカの学校評価」（窪田眞二・木岡一明編著『学校評価のしくみをどう創るか』学陽書房，2004年）等である。そこでは，「年間到達目標」（AYP）が達成できなかった場合の具体的措置が説明されている。
　「年間到達目標」（AYP）が達成されなかった学校
　・2年間達成されなかった場合，「改善を要する学校」に認定される。学校は，保護者・教職員・学区教育委員会と協議し2カ年の改善計画を作成する。当該学校の生徒には，学区内の他の公立学校もしくはチャーター・スクール（charter school）に転校する資格が与えられる。
　・3年間達成されなかったならば，上記の措置に加えて，当該学校に留まる生徒に対して学校が補習教育サービスを提供する。保護者は，州の認めた公的機関又は民間企業による個別指導や課外授業等のサービスを選択することができる。
　・4年間達成できなければ，上記の措置に加えて，一部教職員の入れ替え，新しいカリキュラムの完全実施など必要な是正措置を講じる。
　・5年間達成できなければ，当該学校はリストラクチュアリング（restructuring）の対象とみなされる。上記の措置に加えて，州への学校経営権の委譲，公立学校経営に実績のある民間企業等との契約，チャーター・スクールへの転換，抜本的な教職員の入れ替え等，必要な措置を講じる。

(9) Lose, L. C. and Gallup, A. M. The 33rd Annual Phi Delta Kappa/Gallup Poll of the Public's Attitudes Toward the Public Schools. *Phi Delta Kappan*, Vol. 83, No. 1, Sept. 2001, p. 55.
　　本調査は，2001年5月23日から6月6日の間に実施された，1108名の成人（18歳以上）による電話インタビュー調査である。NCLB法は，2001年3月に上程され2002年1月に公法107-110として成立したものであるが，これは成立以前の2001年の結果である。

(10) Lose, L. C. and Gallup, A. M. The 36th Annual Phi Delta Kappa/Gallup Poll of the Public's Attitudes Toward the Public Schools. *Phi Delta Kappan*, Vol. 86, No. 1, Sept. 2004, p. 48.
　　本調査は，2004年5月28日から6月18日の間に実施された，1003名の成人（18歳以上）による電話インタビュー調査である。

(11) Lose, L. C. and Gallup, A. M. The 34th Annual Phi Delta Kappa/Gallup Poll of the Public's Attitudes Toward the Public Schools. *Phi Delta Kappan*, Vol. 84, No. 1, Sept. 2002, p. 53.
　　本調査は，2002年6月5日から6月26日の間に実施された，1000名の成人（18歳以上）による電話インタビュー調査である。
(12) ところで，このようなテストは「州独自のテスト」(30%) より「すべての州で実施される全国的な標準テスト」(68%) を支持している。(Lose, L. C. and Gallup, A. M. The 34th Annual Phi Delta Kappa/Gallup Poll of the Public's Attitudes Toward the Public Schools. *Phi Delta Kappan*, Vol. 84, No. 1, Sept. 2002, p. 45)
(13) Johnson, J. and Duffett, A. *Where We Are Now: 12 Things You Need to Know about Public Opinion and Public Schools*. Public Agenda, 2003, p. 13.
　　本調査結果は，パブリック・アジェンダ（Public Agenda）が1994年から2002年に実施した15の調査研究をまとめたものである。
(14) Neill, M. Leaving Children behind: How No Child Left Behind Will Fail Our Children. *Phi Delta Kappan*, Vol. 85, No. 3, Nov. 2003, p. 225.
(15) 2001年に実施された「教育テスト公共政策全国委員会」（National Board on Educational Testing and Public Policy）による州実施のテスト・プログラム（State-Mandated Testing Program）に関する教師の意識調査においてもこのことは明らかになっている。(Pedulla, J. J. State-Mandated Testing: What Do Teachers Think? *Educational Leadership*, Vol. 61, No. 3, Nov. 2003, pp. 42-46)
(16) ウェスト・フィラデルフィア改善組織（WEPIC）の設立経緯，活動，成果等に関しては，拙稿『学校・地域・大学のパートナーシップ―ウェスト・フィラデルフィア改善組織（WEPIC）の事例研究―』（学文社，2001年）に詳述している。
(17) Neill, *op. cit.*, p. 227.
(18) Marshak, D. No Child Left Behind: A Foolish Race into the Past. *Phi Delta Kappan*, Vol. 85, No. 3, Nov. 2003, pp. 229-230.
(19) こうした能力や技能は，表現は若干異なるが，多くの研究者が指摘している。例えば，アイスナー（E. W. Eisner）はこれからの社会に必要であり学校が育んでいく能力として，「判断」，「批判的思考」，「リテラシー」(literacy)，「協働」，「サービス」をあげ，テスト得点重視を警告している。そして，教育の第一の目的は子どもが学校の中で成功するのではなくて，彼らが学校外の，実際の生活の中で成功することを手助けることである，と言う。(Eisner, E. W. Preparing for Today and Tomorrow. *Educational Leadership*, Vol. 61, No. 4, Dec. 2003/Jan. 2004, pp. 6-10)

第2章 NCLB 法における学力テストとアカウンタビリティ

(20) Neill, *op. cit.*, p. 227.
(21) *Ibid.*, pp.227-228.
   Coalition for Authentic Reform in Education. A Call for an Authentic State-Wide Assessment System, http://www.fairtest.org/care/accountability.html, 04. 7. 2
   なお MCAS テストに関しては、北野秋夫「マサチューセッツ州におけるテスト政策と教育アセスメント行政の実態―『マサチューセッツ州総合評価システム』の成立と影響―」(日本教育学会編『教育学研究』第70巻第4号、2003年) に詳しい。
(22) リーブス (D. B. Reeves) は、アカウンタビリティの重要な指標として「教育」、「リーダーシップ」、「カリキュラム」、「保護者と地域の参画」をあげている。(Reeves, D. B. *Accountability for Learning: How Teachers and School Leaders Can Take Charge.* ASCD, 2004)
(23) Neill, *op. cit.*, p. 226.
(24) *Ibid.*, p. 226.
   ・Marshak, *op. cit.*, p. 230.
   全米の教育長3000名(有効回答数1006)、校長4400名(有効回答数925)を対象に2003年7月に実施されたパブリック・アジェンダ(Public Agenda)の調査によると、NCLB 法について最も懸念される事項として、財政的保証を伴わない規定であることをあげている(教育長89%、校長88%)。(Johnson, J. What School Leaders Want. *Educational Leadership*, Vol. 61, No. 7, Apr. 2004, pp. 25-26)
(25) Johnson, J. What Does the Public Say About Accountability? *Educational Leadership*, Vol. 61, No. 3, Nov. 2003, pp. 36-40.
   現に23の州議会において、NCLB 法の修正が提案された。結果として、ホワイトハウスの圧力の下に修正案は承認されなかったが、2004年3月12日現在、バーモント州のみ、州及び地方学区は NCLB 法の施行に州及び学区の財政支出を要求されないという決議案が承認された。(Friel, B. The Bush Record. *National Journal*, May 20, 2004, pp. 868-869)

第3章　学校教師の現状と課題
　　　　――フィラデルフィア市

　教育の問題が議論されると，それと連動して教師の問題がクローズアップされてくる。いつの時代でも，どの国においてもこのことは言える。教育の成果は，それだけ教師の資質能力，力量に負うところが大きいからである。

　これは，最近のアメリカにおいても例外ではない。特に，学力低下，生徒非行問題等非常に深刻であるアメリカ都市部においては，教師の問題が注目されている。

　そこで，アメリカにおいて都市部の学校教師をめぐってどのような問題が起きているのか，またそれらの問題を解決するためにどのような対策が施されているのか，そこでの課題は何なのかを明らかにしていく。そして，教師の待遇，教員免許，教師教育のあり方について考えていく。

　アメリカ都市部の中でフィラデルフィア市が扱うのは，フィラデルフィア市は歴史的にも古く合衆国誕生の地（birthplace of the Nation）とも言われ，政治（1790年から1800年までアメリカ合衆国の首都），経済，文化の中心地として栄え，現在においてもその歴史を受け継ぐアメリカの代表的な都市だからである[1]。

第1節　フィラデルフィア市の学校

　フィラデルフィア市（学区）における学校制度は，基本的には，エレメンタ

リー・スクール (elementary school (K-5th) = 小学校), ミドル・スクール (middle school (6th-8th) = 中学校), ハイ・スクール (high school (9th-12th) = 高校) となっている[2]。生徒数 (K-12th) は19万6309名で, その人種構成は, アフリカ系アメリカ人65.5％, ヒスパニック14.5％, 白人14.2％, アジア人5.3％, ネイティブ・アメリカン0.2％となっている (2003-04年)。学校数は, 小学校175校, 中学校43校, 高校43校で, 学区予算は, 13億6500万ドルである (2004-05年)[3]。

ここで, フィラデルフィア学区の公立小・中・高校の生徒の学力をみていく。

学力の指標は幾つかの方法で示すことができるが, ここでは生徒の学力の達成状況を把握するためペンシルベニア州で毎年実施されているペンシルベニア学校評価システム (Pennsylvania System of School Assessment = PSSA) における「読解」(reading) と「数学」(mathematics) のテストをみていく。この試験は, ペンシルベニア州の第5, 8, 11学年のすべての生徒を対象に実施される[4]。

その中で, フィラデルフィア学区第11学年の「読解」(reading) と「数学」(mathematics) の学力達成状況を示したものが, 表3-1, 表3-2である[5]。これは, 2003-04, 2004-05年の2年度を全生徒, 性別, 人種別にその達成状況を示し, それらをペンシルベニア州全体の平均と比較している。なお評価は, 上級 (Advanced) レベル, 習熟 (Proficient) レベル, 基礎 (Basic) レベル, 基礎未満 (Below Basic) レベルの4段階に分けている。上級 (Advanced) レベルは優れた学力達成, 習熟 (Proficient) レベルは十分な達成, 基礎 (Basic) レベルは基本的な最低限の学力を有している段階, 基礎未満 (Below Basic) レベルはまさに基礎レベルに達していない不十分な段階としている[6]。

表3-1, 表3-2より「読解」と「数学」におけるそれぞれの学力達成レベルのパーセンテージは明らかであるが, 上級レベルと習熟レベルに達している生徒の合計をみると, フィラデルフィア学区は州平均に比べかなり低いことが

第３章　学校教師の現状と課題

表3-1　フィラデルフィア学区第11学年「読解」学力達成状況

生徒のグループ	年度	受験率	それぞれの学力達成レベルの生徒のパーセンテージ				習熟レベル以上の生徒のパーセンテージ □2004-05 ■2003-04		
			基礎未満	基礎	習熟	上級	学区		州
全生徒	2004-05	93%	55%	15%	20%	10%	30%		65%
	2003-04	96%	53%	20%	19%	8%	27%		61%
性									
男性	2004-05	92%	58%	15%	18%	9%	27%		62%
	2003-04	95%	58%	18%	16%	8%	25%		58%
女性	2004-05	94%	51%	15%	23%	11%	34%		68%
	2003-04	96%	49%	22%	21%	8%	29%		63%
民族									
白人	2004-05	96%	35%	13%	26%	26%	52%		71%
	2003-04	97%	31%	20%	27%	22%	50%		67%
黒人	2004-05	93%	59%	16%	19%	6%	25%		32%
	2003-04	95%	59%	21%	16%	4%	21%		28%
ラテン／ヒスパニック	2004-05	92%	62%	15%	17%	7%	23%		35%
	2003-04	96%	63%	18%	14%	5%	19%		29%
アジア人	2004-05	96%	38%	15%	26%	21%	47%		65%
	2003-04	97%	37%	19%	27%	18%	44%		63%
ネイティブ・アメリカン	2004-05	100%	53%	13%	20%	13%	33%		59%
	2003-04	93%	43%	29%	21%	7%	29%		57%
多民族	2004-05	87%	67%	11%	13%	9%	22%		47%
	2003-04	94%	60%	15%	17%	8%	25%		47%

分かる。

　2004-05年をみてみると，「読解」では上級レベルと習熟レベルの合計のパーセンテージは州平均が65%であるのに対してフィラデルフィア学区は30%，「数学」では州平均が51%であるのに対してフィラデルフィア学区は23%と極めて低い。これを性別にみると，「読解」「数学」ともに女性が高く男性が低い傾向がみられ，人種別では白人，アジア人が高く，黒人，ヒスパニックが低いことが分かる。

　また，同年の高校卒業率をみてみると，ペンシルベニア州平均88%，フィ

表 3-2 フィラデルフィア学区第11学年「数学」学力達成状況

生徒のグループ	年度	受験率	基礎未満	基礎	習熟	上級	学区	州
全生徒	2004-05	94%	60%	17%	13%	10%	23%	51%
	2003-04	95%	60%	17%	13%	10%	23%	49%
性								
男性	2004-05	93%	61%	17%	12%	10%	22%	51%
	2003-04	95%	60%	17%	13%	10%	23%	50%
女性	2004-05	95%	58%	18%	14%	10%	24%	50%
	2003-04	96%	60%	18%	13%	10%	23%	48%
民族								
白人	2004-05	96%	39%	19%	19%	23%	42%	56%
	2003-04	97%	38%	20%	22%	21%	43%	55%
黒人	2004-05	94%	67%	18%	11%	5%	16%	19%
	2003-04	95%	68%	17%	10%	5%	15%	18%
ラテン／ヒスパニック	2004-05	93%	68%	18%	9%	6%	15%	23%
	2003-04	96%	72%	15%	9%	4%	13%	19%
アジア人	2004-05	96%	23%	17%	26%	34%	61%	71%
	2003-04	98%	23%	18%	25%	35%	60%	70%
ネイティブ・アメリカン	2004-05	100%	53%	7%	13%	27%	40%	51%
	2003-04	93%	50%	21%	14%	14%	29%	46%
多民族	2004-05	87%	62%	16%	16%	7%	22%	34%
	2003-04	92%	45%	28%	23%	4%	28%	35%

ラデルフィア学区 68%と，ペンシルベニア州全体では約9割の学生が卒業するのに対して，フィラデルフィア学区では3分の2程の生徒が卒業するに過ぎない。

　これまで述べてきた諸データを，個別の高校でみていくとその深刻さが一層明らかになる。例えばケンシントン高校（Kensington High School）では，第11学年「読解」テストをみると，上級レベルと習熟レベルのパーセンテージは合計9%であり，実に基礎未満（Below Basic）レベルが77%を占めている。「数学」では上級レベルと習熟レベルの生徒の合計は4%であり，基礎未満（Below

Basic) レベルが 84% を占めている。また，卒業率は 42% なのである。

こうした低学力等の問題は，欠席率や停学率，生徒非行等の問題とも連動しており，フィラデルフィア市の公立学校においては，学習指導，生徒指導が極めて困難な状況なのである(7)。

第2節　教師をめぐる諸問題

では，このような公立学校に勤務する教師の実態，そこでの問題はどのようになっているのであろうか。

フィラデルフィア市における教師の問題を，「リサーチ・フォー・アクション」(Research for Action) による報告書『ワンス・アンド・フォー・オール─フィラデルフィアのすべての教室に高度な資格を持った教師の配置─』(*Once & For All: Placing a Highly Qualified Teacher In Every Philadelphia Classroom*) を中心にみていく(8)。

まずあげたいのは，教師としての資格を証明する正式の教員免許を取得している現場教師が減少していることである。表3-3は，校種別と学区全体からみた 1999-2000 年から 2002-03 年までの免許取得教師のパーセンテージである。

表3-3　校種別と学区全体の免許取得教師のパーセンテージ（1999-2000～2002-03）

学　校　種	N (02-03)	1999-00	2000-01	2001-02	2002-03
K-8学校	1707	96.2%	93.7%	92.0%	91.7%
小学校	4550	94.8%	92.0%	90.1%	88.7%
中学校	1971	87.1%	83.5%	83.6%	83.3%
高校	2963	93.2%	91.2%	90.7%	89.4%
その他	399	97.4%	93.2%	90.0%	92.2%
全学区	12052	93.3%	90.6%	89.4%	88.5%

（出典）Neild, R. C., Useem, E., Travers, E. F., and Lesnick, J. *Once & For All: Placing a Highly Qualified Teacher In Every Philadelphia Classroom*. Research for Action, 2003, p. 10.

表より，1999-2000年フィラデルフィア学区全体の93.3%の教師が免許を取得しているのに対して，それは年々減少し2002-03年では88.5%に落ちている。この傾向はどの校種においてもみられ，特に中学校教師の免許取得率が低いことが分かる。またこの取得率は，貧困レベル（poverty level）の家庭からくる生徒の割合が高い学校ほど低くなる。最も貧困率の高い（highest-poverty）中学校においては，全体の30%あるいはそれ以上の教師が教員免許を持たないのである。

　そして，高校教師の免許取得率を教科別にみると，英語94%，社会96%，数学89%，理科82%となっており，理科，数学の自然科学系の教師の取得率が低くなっている（1999-2000）。このような傾向は，フィラデルフィア市だけではなく，ニューヨークをはじめとした多くの大都市にみられる。

　教員免許所有の教師以外で誰が授業を担当するのか。フィラデルフィア学区の場合それは，臨時教員免許を付与された（emergency-certified）教師である。ペンシルベニア州においては，正式な教員免許は大学の教員養成プログラムの修了とそれとは別に教師の能力を保証するための試験であるプラクシス試験（Praxis exams）に合格することが求められる[9]。しかし，臨時教員として採用された教師は教師志願者として基礎学力（mathematics, reading, writing）を問う内容のプラクシス試験に合格していないのである[10]。

　次に，教師の高い異動率（turnover rate）が問題となっている。質の高い教育を生徒に提供するためには優れた教師の確保が必要であることは言うまでもないが，高い異動率は各学校の一貫した教育計画，情報・知識の蓄積，教師の結束等に悪い影響を与える。

　表3-4は，1999年秋（1999-2000）に赴任した教師の学区及び学校への1年間，2年間，3年間の留保率を示したものである。

　表より，学区レベルでみると1999-2000年に在職していた全教師の約10%

第3章　学校教師の現状と課題

表3-4　1999年秋に赴任した教師の学区及び学校への留保率

	N (1999-00)	1999-00	99-00〜00-01	99-00〜01-01	99-00〜02-03
学区に留っているパーセント	12422	100.0%	90.4%	83.7%	76.8%
学区に留っている新採教師のパーセント	919	100.0%	73.2%	58.3%	48.6%
同じ学校にいるパーセント	12346	100.0%	83.1%	74.7%	64.2%
同じ学校にいる新採教師のパーセント	913	100.0%	60.8%	46.7%	34.4%
学区に留っている正式の教員免許を付与された新採教師のパーセント	594	100.0%	73.6%	59.9%	51.8%
学区に留っている臨時の教員免許を付与された新採教師のパーセント	325	100.0%	72.6%	55.4%	42.8%

(出典) Neild, R. C., Useem, E., Travers, E. F., and Lesnick, J. *Once & For All: Placing a Highly Qualified Teacher In Every Philadelphia Classroom*. Research for Action, 2003, p. 15.

が翌年にはフィラデルフィア学区を離れており，3年後には約4分の1の教師が学区を去る。新採教師に限ってみてみると，学区を去る率はさらに高くなっている。1年後に25%以上，3年後には半分以上の新採教師が去るのである。

また学校レベルでみても勤務校を短期間で去る率は高く，さらにそれを新採教師に限ってみると，1年後に約40%，2年後に約半分，3年後には実に3分の2が初任校を去ってしまう。

フィラデルフィア学区の中学校に新しく採用された教師を対象にした調査によると，学区及び学校に対する不満として「低い給与」(60%)，「生徒の行動・態度」(52%)，「必修の講座履修に対する授業料補助がない」(24%)，「市の賃金税（wage tax）」(24%)という結果であった[11]。劣悪な教職の待遇，困難な学習指導，生徒指導，このような事柄に対する不満が原因となって，教師，特に新採教師は学区及び学校を早期に去るのである。

この異動率を学校種別でみてみると，最も高いのが中学校である。中学校において1999-2000年赴任の教師が3年後同一の学校にとどまっているパーセンテージは59.1%で約4割がその学校を離れている。高校とK-8学校の3年後の留保率はそれぞれ66.7%，67.7%で他の校種に比べたら比較的高い。また

小学校は63.8%となっている。

さらに，1年間，2年間，3年間の留保率を貧困レベル（poverty level）家庭からくる生徒の割合による学校，つまり「学校貧困レベル」（school poverty level）でみたものが表3-5である。

表より，90%以上が低所得家庭の生徒である学校では1999-2000年赴任の教師の20%以上の教師が翌年には学校を去っている。3年後の留保率は56.4%である。対して，貧困レベルが80%未満の学校では3年後約70%の教師がその学校にとどまっている。貧困レベルの高い学校ほど多くの教師が早い時期にその学校を去っていくのである。

こうした留保率の低さ，つまり学校を短期間で去る教師の増加は，その学校の教師定数に欠員を生じさせる。欠員が生じた場合，代替の教師による授業，あるいはクラスを統合した大人数の授業等で補うことになる。こうした悪条件のもとで生徒に真剣に学習に取り組むように言ってもそれは難しい。州全体，国全体でも言えることであるが，こうした教師不足は，特に特定の教科，例えばバイリンガル／ESL（English as a Second Language），特殊教育，数学，スペイン語，理科等の教科で深刻なのである。

また，フィラデルフィア学区の学校における教員免許取得教師の不公平な配置をあげることができる。

表3-5　1999年秋に赴任した教師の「学校貧困レベル」による留保率

	N (1999-00)	1999-00	99-00 〜00-01	99-00 〜01-02	99-00 〜02-03
0%〜79%貧困	5929	100.0%	85.6%	78.5%	69.5%
80%〜89%貧困	4336	100.0%	81.2%	72.1%	60.3%
90%以上貧困	1847	100.0%	78.8%	69.0%	56.4%

(出典) Neild, R. C., Useem, E., Travers, E. F., and Lesnick, J. *Once & For All: Placing a Highly Qualified Teacher In Every Philadelphia Classroom*. Research for Action, 2003, p. 18.

第3章　学校教師の現状と課題

　表3-6は，2002年秋（2002-03）における「学校貧困レベル」でみた教師の経験年数を表にしたものである。

　表より，低所得家庭からくる生徒が90%以上の学校では，教師の11%が1年未満の経験年数である。対して，80%未満の学校で1年未満の経験年数の教師は約5%である。経験年数を1～5年，6～10年，11～20年，21～30年，30年以上と区切っているが，概して貧困レベル生徒の割合が高い学校ほど教師の経験年数は短くなっている。平均経験年数は，貧困レベル生徒80%未満の学校：16.3年，80%～90%未満の学校：11.6年，90%以上学校：9.6年となっている[12]。これを学校種別にみると，中学校においてこの傾向が顕著であり，貧困レベル生徒90%以上の中学校では，実に教師の20%が1年未満経験なのである。

　この問題は深刻である。特別な配慮を要する学校では，その学校である程度の経験を経て学校の状況を知っている教師が必要であるし，また新採教師に対しては，特にこのような先輩教師からの指導や支援が必要である。しかし現実には，こうした学校においては経験豊かな教師は極めて少なく，教職経験は初めての，多くの新採教師が生徒の教育を担当することになるのである[13]。

　また，表3-3で学区全体の免許取得教師のパーセンテージ（1999-2000～2002-03）をみたが，それを「学校貧困レベル」で示したのが表3-7である。

表3-6　「学校貧困レベル」による教師の経験年数（2002）

学校のタイプ	N	経験の平均年数	1年未満	1～5年	6～10年	11～20年	21～30年	31年以上
0%～79%貧困	5839	16.3	5.3%	20.0%	14.0%	21.9%	2.8%	10.8%
80%～89%貧困	3972	11.6	8.3%	33.1%	16.2%	21.6%	16.4%	4.4%
90%以上貧困	1732	9.6	11.0%	40.1%	14.5%	19.6%	11.8%	3.0%

（出典）Neild, R. C., Useem, E., Travers, E. F., and Lesnick, J. *Once & For All: Placing a Highly Qualified Teacher In Every Philadelphia Classroom*. Research for Action, 2003, p. 23.

表3-7 「学校貧困レベル」による免許取得教師のパーセンテージ (1999-2000〜2002-03)

貧困レベル	N (02-03)	1999-00	2000-01	2001-02	2002-03
0%〜79%貧困	5838	95.5%	93.6%	92.6%	92.1%
80%〜89%貧困	3972	91.8%	88.5%	87.0%	85.5%
90%以上貧困	1732	89.9%	85.6%	84.7%	83.0%
合 計	12052	93.3%	90.6%	89.4%	88.5%

(出典) Neild, R. C., Useem, E., Travers, E. F., and Lesnick, J. *Once & For All: Placing a Highly Qualified Teacher In Every Philadelphia Classroom*. Research for Action, 2003, p. 25.

　表より，2002-03年では貧困レベル生徒90%以上の学校では83%が免許取得教師であるのに対して，貧困レベル生徒80%未満の学校では92.1%が免許取得教師である。貧困レベル生徒の割合が高い学校ほど免許取得教師の数は少ない，つまり臨時教員免許を付与された (emergency-certified) 教師の割合が高いのである。

　そして，この傾向は年々強くなっている。貧困レベル生徒90%以上の学校と80%未満の学校との免許取得教師のポイント差は1999-2000年では5.6%であったのに，2000-01年，2001-02年では約8%，2002-03年では9.1%と開いている。

　フィラデルフィア学区では，貧困レベル生徒の割合の高い学校に新採教師が多くみられ，その新採教師の中でも免許取得教師は少ないのである。

　さらに，フィラデルフィア学区における教師をめぐる問題として――この問題はこれまで述べてきたフィラデルフィア学区の教師の実態の原因とも関連しているのであるが――，教員採用と新採教師の配置が中央集権的で遅いことがあげられる。

　志願者は，書類審査，面接，教育実習の得点等に基づいて選抜者リストにランク付けされ，ランキング上位者から欠員のある学校を選択するための採用セッションにくるよう求められる。そこで学区の人事部局 (Office of Human

Resources）によって配属される学校が決定されるのであるが，採用候補者はリストにあがっている学校に関する知識はほとんどなく，学校をどのように決定していいか分からない。こうした採用手続きに新採教師は多くの不満を持っている[14]。

そして，採用と学校配属がメトロポリタン地域の他の学区に比べると非常に遅い。優秀な志願者は，晩春あるいは初夏には特定の学区，学校に採用が決定されている。こうした事態は，優秀な志願者を逃がしてしまうことになる。そして新採教師にとって，彼らが勤務する学校や地域について学んだり，同僚と会合を持ったり，担当する学級の準備をしたりする時間がほとんど無いことを意味する。

また一方で，教員給与の問題がある。フィラデルフィア学区の給与は近隣の学区と大方変わらない。近隣地域のデラウェア郡（Delaware County），モントゴメリィ郡（Montgomery County），チェスター郡（Chester County）の平均と比べたら若干高くなる[15]。しかし，昇級の度合いが他の学区，地域に比べたら低く，フィラデルフィア学区の学校に長くいればいるほど近隣学区との給与差は拡大し，これがフィラデルフィア学区の学校を去る大きな原因にもなっている。

さらに，フィラデルフィア学区にみられるような貧困レベル家庭からくる生徒の割合の高い学校に勤務する教師は，他の学区の教師に比べより厳しい職場環境に直面する。このような学校に勤務する教師は，給与，生徒の行動や態度，保護者の支援等に強い不満を持っている。フィラデルフィア学区の教師の3分の2以上（68％）が生徒の不適切な行動が彼らの教育活動を妨害していると言い，特に中学校の教師は生徒の基礎学力の欠乏，意欲の無さ，学習習慣の欠落，保護者が協力的でないことが学習を妨げていると言っている。2003年フィラデルフィア学区の教師が最も望む改革をあげてもらったところ，学級人数の縮

小（76%），事務作業の支援（59%），施設設備の改善（59%），規律の回復（58%），十分な教科書と教材（43%）という結果であった[16]。

第3節　問題解決のための諸施策

　このような現状に対して，フィラデルフィア学区はどのような対策を講じているのであろうか。

　端的に言えば，フィラデルフィア学区への教師志願者を増やし優れた教師を採用すること，そして採用された教師，経験ある教師を学校及び学区へ留保することにある[17]。

　まず，教育実習生と実習生を担当する教師への報奨金制度である。学区としては，フィラデルフィア学区の学校に1000名程度の実習生の受け入れを希望している。なぜならば，例年その半数約500名が学区の教師として採用されるからである。そのために，より多くの学生が学区の学校で実習するように以下のような新しい報奨金制度を創設した。

- 教育実習生に対して＄1,000の給付金
- もしその実習生が学区の教師として採用されたならば，その学校の実習生担当教師に＄1,000の報奨金
- 教育実習生の指導のために実習生担当教師へ＄100を支給
- プラクシス試験（Praxis exams）の受験料を補助するために（もし学区に採用されたならば）教育実習生に＄250を返金

　そして，フィラデルフィア学区の新採教師として採用された場合＄4,500のボーナスが支給される[18]。

　またペンシルベニア州においては，終身の教員免許を取得するために新採教師は就職後6年以内に24学士後コース単位（post-baccalaureate course credits）

を取らなければならない。1年間に平均4単位となるが,テンプル大学（Temple University）のような州立大学でさえも毎年の授業料は$1,700になる。これはかなりの出費であり，この授業料支援のために年$1,000が支給される。

ところで，多くの大都市の学区がそうであるように，フィラデルフィア学区の困難な財政，大規模な学級，古い施設設備，低学力等の一般市民が持つイメージは資格ある教師志願者の数を減らしている[19]。そのために，新しく学区のWebサイトを開設し，そこで学区の教育や学校に関する情報を提供している。また，「ティーチャー・ウェルカム・センター」（Teacher Welcome Center）でも，学区の担当職員とのコンタクトを通して学区で教職に就くための手続きや機会について情報を提供している。

また，教師を確保することが困難な学校及び教科への採用を確保するためのインセンティブである。異動率が高く低学力の生徒が多い19の学校の教師に年$2,000のボーナス，また教師が不足する教科の担当教師に年$1,500のボーナスがそれぞれ5年間提供されている。そして，テンプル大学とフィラデルフィア教育基金（Philadelphia Education Fund = PEF）とともに中学校教育を効果的にするための教員養成プログラムを協働して開発している。

さらに，教師不足を解消するために「リテラシー・インターン・プログラム」（Literacy Intern Program）がある。本プログラムでは，教員免許のない大学卒業生——臨時教員免許を付与された（emergency-certified）卒業生——がリテラシー・インターン教師（Literacy Intern Teachers = LITS）として経験ある教師と協力して授業を行う。彼らは，補助教師（多くは退職した教師）から特別な指導をうけ，また必修の夏期集中研修と年間を通した研修に参加する。そして大学の正式の教員養成プログラムに入り，教員免許を取得していく。1999-2000年と2000-01年の2年間で約1500名のリテラシー・インターン教師が小学校低学年に配属された。このプログラムは，フィラデルフィア学区へ

多くのよく訓練された教師志願者を送り出している。

　また，「早期教員免許」(Accelerated Certification for Teachers = ACT) というプログラムを新しく開発している。ACTはフィラデルフィア学区を支援するためにペンシルベニア州より資金援助された，12～18ヵ月という短期間で教員免許を取得するプログラムである。ACT基金は，特に教師不足が深刻で需要の高い教科——生物学，化学，数学，物理，ESL (English as a Second Language)，特殊教育等——の免許を取得するために年間約75名の者に資金提供する。こうした養成プログラムに対して，学区と大学は緊密な連携協力をしている。

　また，フィラデルフィア学区は，2003-04年128名を学校に配属するために「ティーチ・フォー・アメリカ」(Teach for America = TFA)——大学新卒者のための選抜された全国プログラム——と契約した。彼らの多くは，特に中学校であらゆる教科にわたり配属される。参加者は2年間の契約で，TFAにより運営される5週間の夏期セミナー・トレーニングと学区による2週間の導入プログラムに参加する。メンバーは教員免許プログラムに入り，インターン教員免許 (Intern Certificates) を持って教育活動を展開する。

　そして新採教師を学校にとどめるために，必修とされる8月の研修において1週間につき$250が支払われ，その夏の研修に間に合わない遅く採用された教師に対しては特別の研修が企画される。また，10名の教師に1人の割合で新採教師を特別に指導・支援する「ティーチャー・コーチ」(Teacher Coaches) が採用されるようになった。さらに，校長に対して新採教師の指導や教師を留保するためのリーダーシップを開発するプログラムが2003年よりスタートした。

　このような対策に加えてフィラデルフィア学区では，学校の職場環境，働く条件の改善にも乗り出した。例えば，従来K-3学年のクラス人数は30名で

あったが，それを22名に引き下げた。また，積極的な学校の施設設備の改善が開始された。今後公債発行（bond sale）により資金を調達し，新しい学校の建設及び補修が始まる。

第4節　総括――今後の課題

　なぜに教師の問題が取り上げられるのか，また取り上げられなければならないのか。教育改革を論じるとき，学校制度，教育内容・方法等多様な側面から改革が論じられるが，その成果は究極的には教育という営みに直接にかかわっている教師の資質能力に負うところ大だからである。

　教科の内容とそれをいかに教えるかという教育に関する内容をともに把握している教師から生徒は多くのことを学習する。このことは多くの研究成果が示すところである。そしてその中で，教師が教員免許プログラムあるいはそれに準ずる免許取得の幾つかの代替のルートの1つを修了している場合，その教師から授業を受けた生徒は高い成果をあげていることが指摘されている[20]。

　ところでアメリカにおいて，2002年よりNCLB法（No Child Left Behind Act）が施行された。NCLB法はすべての子どもの学力を向上させるために教師の資質能力を重視し，高度な資格を有する教師（Highly Qualified Teachers）を求めている[21]。

　これを受けて，2003年5月ペンシルベニア州教育局は，「ペンシルベニア州における高度な資格を有する教師の要件」を公表した。ペンシルベニア州では，すべての学年の教師に学士を要求し，州公認の教師養成プログラムを修了しプラクシス試験（Praxis exams）にパスして得られる教員免許，あるいはインターン教員免許（Teacher Intern Certificate）を要求するようになる[22]。そしてフィラデルフィア学区では，教師への信頼を高めるために新年度が始まるま

でに正式な免許を所有していない新採教師に対する研修を要求することにより，連邦や州の要求より高いハードルを設けるようにしている[23]。

また，教師の質の不公平な配分を解決するために推進されている方法が，各学校が学区の人事部局（Office of Human Resources）により資格審査された教師志願者から新採教師等を選考する方法，いわゆる「現場(学校)に基づいた教師の選考」(site-based or school-based teacher selection) である[24]。こうした採用手続きにより，学校と教師志願者はお互いに意見交換し，より合理的に，単なる機械的な振り分けによることなく選抜される。それはまた，その学校に必要とされる教師の技能や経験等を含む教師の資質能力をより詳しく精査することにもつながる。彼らの特徴や期待に合致した学校を選択した新採教師が学校にとどまる率は高くなるだろう。そして採用の時期が早まることから，夏休み期間中に自分が勤務する学校に馴染むことができるし，学区が運営する夏期導入プログラム（summer induction program）にも参加することができる。

また「現場に基づいた教師の選考」という制度は，学校（管理職）にどのような人材を採用するか人事に関する裁量を与えることから，より明確に学校に対してアカウンタビリティを求めることができる。

2003年現在フィラデルフィア学区とフィラデルフィア教員組合（PFT）との協定において，各学校で「現場に基づいた教師の選考」をするかしないか選択するようになっている。実施するためには，教職員の3分の2の賛成が必要であるが，2003年秋の採用時期において本制度を採用している学校は全260余校の内31校となっている[25]。

本制度の実現は資格ある教師の公平な配分，新採教師の留保率の向上，採用時期の早期化等にどうしても必要である。しかし，経験年数による異動の権利を維持するというフィラデルフィア教員組合（PFT）の主張と行政や多くの校長が推し進める人事権等学校裁量権限を拡大しようとする主張をどう調整して

第3章 学校教師の現状と課題

いくかが課題となっている。

　ところで，学区では「早期教員免許」(ACT)や「ティーチ・フォー・アメリカ」(TFA)等教員免許取得のための代替プログラムを遂行している。しかしこれらのプログラムは教師を補充するには有益であるが，その多くが教職経験は初めてであるし，また教育実習や教育学関連の科目を履修することなしに教授活動を始めている。代替プログラムは，特に十分に準備された教師を必要とする特殊教育の分野，低所得家族や低学力の生徒の多い学校にとってはやはり不適切である[26]。

　最後に，学区は教師を確保することが困難な学校や教科に幾らかの財政的支援をしているが，それは資格あるまた経験豊かな教師を低所得やマイノリティの割合の高い学校に確保するに十分ではない。学区が本気になってNCLB法が要求しているようにすべての教室に資格ある教師を確保する，またこれまで述べてきたような教師の問題を解決していこうとするならば，さらに財政も含めた多様な側面からのインセンティブを検討していくことが必要である[27]。やりがいを見出し，やる気を引き出すような魅力ある職場環境の創造がより求められる。

注
(1) フィラデルフィア市は，ニューヨーク市とワシントン市の中間に位置する。1774年にイギリスの植民地弾圧政策に対抗するため第1回大陸会議が開催されたのも，1776年に独立宣言が採択されたのもこの地である。まさに合衆国誕生の地なのである。2002年現在，人口約150万人を有する全米第5位の都市である。
(2) フィラデルフィア学区では，少人数による効果的な学習環境が維持できるとして中学校の大部分をK-8学年の学習集団へと変革していく計画である。現在，幾つかの学校はK-8学校となっている。
(3) The School District of Philadelphia. About Us. http://www.phila.k12.pa.us/aboutus/, 06. 3. 11.

約10年前（1991-92年）のデータでは，生徒数（K-12th）は19万5735名，人種構成は，アフリカ系アメリカ人62.6％，白人22.7％，ヒスパニック10.0％，アジア人4.6％，ネイティブ・アメリカン0.1％となっている。ヒスパニックとアフリカ系アメリカ人が増加し，逆に白人は減少していることが分かる。（拙著『学校・地域・大学のパートナーシップ―ウェスト・フィラデルフィア改善組織（WEPIC）の事例研究―』学文社，2001年，66頁）

(4) PSSAは1992年より実施され，1998年からペンシルベニア州のすべての公立学校に導入することが義務化された。「読解」（reading）と「数学」（mathematics）のテストでは，多様な選択肢から正解を選ぶように求められる。また，文章中の質問に筆記で答えること，数学の問題ではどのように正解を導き出したか筆記による説明も求められる。(Pennsylvania Department of Education. *Pennsylvania System of School Assessment: Information for Students, Parents, Educators and Citizens of the Commonwealth of Pennsylvania.* 2001)

(5) Pennsylvania Department of Education. District Report Card 2004-05: Philadelphia City School District. http://www.paayp.com/DistrictReportCard.jsp?DistrictId=126515001, 06. 3. 20.

(6) この基準は，ペンシルベニア州学校規則（PA School Code）§4.51(b)(4)に規定されている。

(7) 拙著，前掲書において，小・中学校における全国標準読解テスト（Nationally Normed Reading Tests）の得点，高校のSAT得点からフィラデルフィア学区の学力低下の実態を明らかにしている。そしてそれらを，生徒保護家庭の生徒の割合，生徒非行問題と関連して考察している。

(8) Neild, R. C., Useem, E., Travers, E. F., and Lesnick, J. *Once & For All: Placing a Highly Qualified Teacher In Every Philadelphia Classroom.* Research for Action, 2003.

「リサーチ・フォー・アクション」（Research for Action）とは，一般市民に対して学校改善に関する着実な研究を提供するための党派を超えた非営利団体である。1992年以来，フィラデルフィア市の学校改革を支援してきた。

(9) プラクシス試験（Praxis exams）とは，州が独自に課すETS（Education Testing Service）による教師の質を保証するための教師能力テストである。なお，教師能力テストに関しては拙稿「アメリカにおける教員免許制度の改革―教師能力テスト（Teacher Competency Testing）を中心に―」（拙著『アメリカ教師教育の展開～教師の資質向上をめぐる諸改革～』東信堂，1993年）に詳しい。

第3章　学校教師の現状と課題

(10) 臨時教員免許教師は，学区に採用されてから2～3年以内にこの試験に合格することが要求されている。しかし，この臨時教員のプラクシス試験の合格率が50～60%台と非常に低い（2002-03）。
(11) 本調査は，1999-2000年にフィラデルフィア学区の7つの貧困レベル家庭の生徒の割合の高い中学校（high poverty middle school）に採用された新採教師60名の3年間にわたる学校への留保率を調査したものである。3年後（2002-03年）最初の赴任校に残っていた教師32%（19名），フィラデルフィア学区の他の学校への異動25%，フィラデルフィア学区における辞職・退職43%という結果になっている。(Useem, E. L. The Retention and Qualifications of New Teachers in Philadelphia's High-Poverty Middle Schools: A Three-Year Cohort Study. Paper Presented at the Annual Conference of the Eastern Sociological Society, Mar. 1, 2003, Philadelphia, Pennsylvania.)
(12) フィラデルフィア学区における教師の平均経験年数は，13.8年（2002年）となっている。
(13) フィラデルフィア学区と学区の教員組合であるフィラデルフィア教員連盟（Philadelphia Federation of Teachers = PFT，アメリカ教員連盟（AFT）のフィラデルフィア支部）の協定（agreement）では，より長く在職した教師が優先的に他の希望する学校へ異動することを認めている。このことが，こうした学校による教職経験年数のアンバランスの一因となっている。一般的に，教師は貧困レベル生徒の割合が高い学校から貧困レベル生徒の割合が低い学校へ異動する。
(14) フィラデルフィア学区のような中央集権的な採用及び学校配属をしている学区は全国的には少数である。採用システムは典型的には分権的であり，志願者の選考（資格審査）を学区が実施し，どのような教師を採用するかは各学校に任せている。
(15) フィラデルフィア学区の初任給は＄37,622（2003-04）となっており，フィラデルフィア市を含む近隣の5郡64学区の中では第38位と大方中位である。上位学区はロウアーメリオン学区（Lower Merion, Montgomery County）：＄46,024，ラドナー学区（Radnor, Delaware County）：＄45,254となり，最下位はペンリッジ学区（Pennridge, Bucks County）：＄33,500となっている。(Philadelphia Inquirer. School Report Card: PA districts ranked by Beginning salary (highest to lowest). http://inquirer.philly.com/specials/2005/report_card/rankschool.asp, 06. 3. 8)
(16) Neild, Useem, Travers, and Lesnick, *op. cit.*, p. 31.
(17) *Ibid.*, pp. 35-41.
(18) フィラデルフィア学区で教職について5カ月後に＄1,500，残りの＄3,000は学区勤

務37カ月後に支給されるようになっている。
(19) 2001年12月,フィラデルフィア市長ストリートと (J. F. Street) ペンシルベニア州知事スクワイカー (M. Schweiker) は,10年以上もの間フィラデルフィア学区の公立学校が直面している財政問題,教育問題を長期的に解決するためにパートナーシップ協定 (partnership agreement) を結んだ。これによりペンシルベニア州が,フィラデルフィア学区の運営を新しく設置される学校改革委員会 (School Reform Commission) において引き継ぐようになる。新しい委員会は,これまでの9名の教育委員に代わり,知事任命の3名,市長任命の2名,計5名の委員より構成される。こうしたフィラデルフィア学区の州による引き継ぎ (takeover) という混乱も志願者減の一因になった。
(20) Darling-Hammond, L. *Research and Rhetoric on Teacher Certification: A Response to Teacher Certification Reconsidered.* National Commission on Teaching and America's Future, 2001.
(21) Title II‐Preparing, Training, and Recruiting High Quality Teachers and Principals, No Child Left Behind Act. *P. L. 107-110*, Jan. 8, 2002.
(22) インターン教員免許 (Teacher Intern Certificate) 所有者は,教職1年目の集中的な指導を含む州公認の免許プログラムに入り,そしてプラクシス試験に合格しているという条件で3年間有効である。
(23) Neild, Useem, Travers, and Lesnick, *op. cit.*, p. 34.
(24) *Ibid.*, p. 42.
「現場(学校)に基づいた教師の選考」(site-based or school-based teacher selection) とは,マイノリティや貧困地域の学校に質の高い教師を確保するために,各学校で新任教師(新採教師を含む)や欠員教師を採用するシステムである。なお,学校や教師教育改革を支援している非営利団体であるフィラデルフィア教育基金 (Philadelphia Education Fund = PEF) は,本制度を取り入れる学校の数を増やすべく積極的に活動している。
(25) 幾つかの学校では,校長がこれらの権限を悪用したり,自分の意にかなった教師による採用委員会 (hiring committee) を設置したりしてしまうだろう,という理由で「現場に基づいた教師の選考」に反対している。
(26) Neild, Useem, Travers, and Lesnick, *op. cit.*, p. 44.
(27) *Ibid.*, p. 44.
ところでファイ・デルタ・カッパ/ギャラップ世論調査 (Phi delta Kappa/Gallup Poll) によると,「改善が必要とされる学校に勤務する教師にインセンティブとして

第 3 章　学校教師の現状と課題

より高い給与を支払うべきか否か」という問いに対して,「支払うべきである」65%,「支払うべきでない」33%,「分からない」2% という結果を示している。(Lose, L. C., and Gallup, A. M. The 35th Annual Phi Delta Kappa/Gallup Poll of the Public's Attitudes Toward the Public Schools. *Phi Delta Kappan*, Vol. 85, No. 1, Sept. 2003, pp. 47-48)　なお本調査は,2003 年 5 月 28 日から 6 月 18 日の間,1011 名の成人（18 歳以上）を対象に実施された電話インタビュー調査である）

第4章　学校・地域の連携と教師教育
——教師養成教育を中心に

　教育は，家庭あるいは学校だけに閉じ込めて考えることはできない。生涯学習社会，情報化・国際化社会等といわれる現代社会においてはなおさらである。わが国において最近学校と地域社会の連携が盛んに主張され，その連携活動も多くみられるようになってきた。

　とするならば教師の資質能力として，地域との連携を効果的に展開していく能力が求められてくる。効果的な連携を展開していく能力をどのように育成していったらよいのか，そうした能力開発のための教育プログラム，教育内容・方法について考えていかなければならない。しかしながら，この地域との連携構築能力の必要性は指摘されるものの，養成教育，採用，研修という教師教育の一連の流れにおいて，その能力育成のための教育内容及び方法については言及されていない[1]。

　そこで本章では，まず伝統的に学校と地域の連携が活発なアメリカで教師教育においてどのようなことが主張されているのかを探り，学校と地域の連携能力を開発していくためにはいかなる教育内容を，いかなる方法で提供していったらいいのか，主に養成教育を中心に考察していく。そしてこれから幾つか示唆を得，大学における教師養成教育の課題及びその展望をしていく。

第1節　パートナーシップとその障害

　アメリカにおいては学校と地域社会の連携活動は伝統的に活発であるが，特に1980年代半ばから「パートナーシップ」(partnership) という用語が頻繁に登場してくる。そして全国各地で学校と地域のパートナーシップが展開されるようになる。パートナーシップとは，「ある問題の解決を目指して，本来の目的，機能，組織，文化等が異なる集団（個人）が，プログラムの計画（Plan）→実践（Do）→評価（See）のサイクルに対等の立場において協働し利益を共有する関係」とされる(2)。端的には，関係性において対等平等・相互利益の関係を，活動において協働を意味する。

　ここで「協力」と「協働」の違いであるが，ホード（S. M. Hord）によると，「協力」(cooperation) と「協働」(collaboration) は次のように説明される。「協力」(cooperation) は，2つあるいはそれ以上の集団（個人）がプロジェクトを効果的に展開していくために一方的なリーダーシップで活動することであり，「協働」(collaboration) は，複数の集団（個人）がプロジェクトの計画，遂行等に責任と権限を共有して活動することである。責任と権限の共有を強調する用語である(3)。

　わが国の場合，学校と地域の連携という用語が使用されるが，「連携」という用語は双方の関係性がはっきりせずその意味も曖昧である。ただこれから，学校と地域の連携の在り方としてはパートナーシップという関係性において，協働活動が求められる。そこで本章では，パートナーシップ（協働）という観点から考察を進めていく。

　ところで，アメリカにおいても学校と地域のパートナーシップのための教師教育プログラムはなおざりにされ，教師は十分な訓練を受けてこなかったとさ

れる⁽⁴⁾。

　そこでまず，ウェルク（M. Welch）が指摘しているパートナーシップを展開する時の障害となるものを改めて考えてみる。それは大きく，概念的障害，実際的障害，態度的障害，専門職的障害の4つとされる⁽⁵⁾。

　概念的障害とは，それぞれの職の役割を固定的に考えてしまうことによる。これらは，長年の間に形成され受け継がれてきたのであり，その職がどのような仕事をしどのように活用されるかを決定してしまう。そして，そのことが協働を阻害する。

　また実際上の障害として最も普遍的，典型的に報告されるのが，時間不足の問題である。効果的な活動が展開されるために，打ち合わせ，協議や会議等に多くの時間が必要となる。通常でも教師の多忙が言われる中，このような時間をとることは極めて困難となる。またそれとも関連してくるが，教師の業務の多様性，時間割の問題等も障害となっている。

　そして態度の障害，つまり取り組む姿勢による障害も考えられる。新たな取り組みに対してその成果を当然期待するが，余りにも高い非現実的な期待は，変革の努力に対して障害となる。

　さらに専門職的障害とされるのが，各専門職においてそれぞれ異なった教育を受け，協働のための教育や訓練を受けてこなかったということである。そして，他の専門職に関する知識も学んでいない。パートナーシップに関する知識や技能，問題解決におけるアプローチの違いを知っている時，協働活動は一層促進されるのである。多くの専門職はパートナーシップに従事するために必要とされる効果的なコミュニケーションやコンフリクト・マネジメントの技能を欠いている。また多くの教師は，関連する職員の役割や能力を理解しておらず，それゆえ資源として彼らを活用していない。

　以上4つの障害をみてきたが，これら4つの障害はそれぞれ関連しており，

その中心に据えて考えなければならないのは専門職的障害の解決である。パートナーシップという観点から，教師を始めとした専門職の教育プログラムを考案していかなければならない。教師教育プログラムといった場合，養成教育，採用，現職教育（研修）という一連の流れで検討していかなければならないが，ここでは養成教育を中心にして考察していく。むろん，それらは採用，現職教育（研修）とも連動してくる。

第2節　学校と地域のパートナーシップに向けた教育プログラム①〜教育内容（知識・技能）

　ウェルク（M. Welch）は，パートナーシップのための教育内容において，以下の6領域の知識・技能を提案している[6]。
　①問題解決と意思決定，②コミュニケーション技能，③コンフリクト・マネジメント（conflict management）技能，④ミクロ（micro）文化とマクロ文化（macro）の知識，⑤ミクロ組織とマクロ組織の知識，⑥他の専門職訓練の知識。
　これらは，例えばウェスト・フィラデルフィア改善組織（The West Philadelphia Improvement Corps = WEPIC）のような大きな成果をあげ成功している学校と地域のパートナーシップの事例からみても，教師に求められる知識・技能として適切，妥当であると考えられる[7]。
　それぞれは，以下のように説明することができる。

問題解決と意思決定
　パートナーシップにおいては意思決定の形態及びプロセスが大切である。それは，リーダーシップを共有するような共有の意思決定（shared decision making）である。共有の意思決定は一定の手続きに従ってなされるが，その一般的形態が問題解決（problem solving）である。ジャヤンシィ（M. Jayanthi）

とフレンド（M. Friend）は，問題解決を5つの段階，すなわち① 問題の確認，② 新しい解決策の考案，③ 意思決定，④ 解決策の実行，⑤ 成果の評価，としている[8]。またウェルク（M. Welch）とシェリダン（S. M. Sheridan）は，問題解決の生態学的アプローチ（ecological approach）として，① 問題の明確化，② 生態学的分析，③ プランの開発と実施，④ プランのステップと成果の評価，としている[9]。

コミュニケーション技能

コミュニケーション技能は，具体的には「情報の発信と受信」「積極的な傾聴」「関係の構築」からなる[10]。

それぞれについて簡単に説明すると，次のようになる。

情報の発信と受信

効果的なコミュニケーションの第一段階は，メッセージを送ることであり，その目的はメッセージが相手に正確に理解されることである。また一方では，情報を受けることが大切である。その時，別な言葉での言い換え，理解したことを言葉で述べること，メッセージの意味の確認等が大切である。

積極的な傾聴

聞くことの主な目的は理解することであるが，それは言語によるメッセージだけではなく，非言語的な態度・行動を聞くことであり理解することでもある。一般的には語られる言葉が強調されるが，顔の表情，体の動き，声の質，生理的な反応等はコミュニケーションにおいて多くのことを伝達している。また，意味を明らかにすること，注意深く聞くこと，言い換え，要約が効果的なリスニングにおいて重要である。

関係の構築

より良い関係を築くためには，純粋性（genuineness），応答（reflection），受

容（acceptance），具体性（concreteness），共感（empathy）が求められる。純粋性は，聞き手に誠実さ，自己防衛のない役割を要請する。また応答は，その人の感情が理解されているということを相手に知らせることである。感情への適切な反応である。受容は尊敬と誠意ある心配りのコミュニケーションであり，オープンな相互のコミュニケーションを促進する。具体性は，聞き手と話し手のコミュニケーションを関連付け明確にする。共感は，表現された情動を相手の立場に立って理解することであり，またそうした理解を相手に伝達することである。

コンフリクト・マネジメント技能

コンフリクトは「ある人（集団）が，別な人（集団）がその人の目的達成を妨害していると認識する事態である」[11]とされるが，それは一般的には，トーマス（K. Thomas）とキルマン（R. H. Kilmann）の自己主張性（assertiveness）と協調性（cooperativeness）の2軸による分類，D. W. ジョンソン（D. W. Johnson）とF. P. ジョンソン（F. P. Johnson）の個人の目的（personal goals）と関係（relationships）の重視度による分類を参考にして，次の5つのスタイル，① 競争的スタイル（competitive style），② 忌避スタイル（avoidant style），③ 調整スタイル（accommodate style），④ 妥協スタイル（compromising style），⑤ 協働的スタイル（collaborative style），に整理される[12]。

競争的スタイルは，相互の関係は重視せずひたすら自身の目的を最も重要と考え，協調性において低く自己主張性において高い傾向がある。忌避スタイルは，非自己主張性と非協調性に特徴づけられ自身の目標も関係も重視せずコンフリクトの局面を回避する傾向がある。調整スタイルは，自身の目標より相互の関係を重要と考え，より高い協調性，低い自己主張性を示す。妥協スタイルは，自己主張性と協調性のバランスを重視し，関係と自身の目標を適度に重視

第4章　学校・地域の連携と教師教育

する。彼ら自身の考えや結論を幾らか犠牲にするが，一方で他に対しても同様のことを求める。協働的スタイルは，高い自己主張性と高い協調性の傾向があり自身の目標と同じく関係も重視する。コンフリクトを，より良い解決策とより良い成果を引き出す機会として認識する。

コンフリクトは，必ずしも否定的なもの，あるいは避けるべきものではなくて，共有の意思決定の必然的な副産物である。コンフリクトがどのように扱われるかが重要である。コンフリクトの処理においてはこの協働的スタイルが求められるのであるが，そのためには先述の効果的なコミュニケーション技能が特に必要とされる。

ミクロ（micro）文化とマクロ（macro）文化の知識，ミクロ組織とマクロ組織の知識

ミクロ文化とは学校内部の，教職員の共有する文化を言い，何が重要であるか，どのように処理するか，誰がどんな仕事，役割をするかという，価値，思考，行動等のパターンや期待である。マクロ文化とは，近隣，コミュニティ，社会の価値や態度等学校外部の文化を言い，これらも学校に影響を与える。特に，増加しつつある社会全体の文化的，人種的，民族的多様性の観点から考えられる。こうした文化は，パートナーシップにおいて重要な要因となっている[13]。

また学校には，学校内部の官僚制的組織，校務による複雑なネットワーク，学年レベルの組織，科目間の組織，特殊教育やESLの組織等のミクロ組織があり，これらはパートナーシップに多大なインパクトを持つ。また一方，州や学区の規則，教員組合との契約，州や連邦の法等を含む学校外のマクロ組織は，学校の組織構造に影響を与える。これらのマクロ組織は，教職員が目標を達成するためにどのように活動するか規制する[14]。

他の専門職訓練の知識

教育関連の専門職がどのような養成教育を受けているのか，またそれぞれの専門職の役割と機能，能力，さらにその領域における問題解決のアプローチ，概念等を理解している必要がある。そうしてはじめて，彼らを資源として活用することができる。

第3節　学校と地域のパートナーシップに向けた教育プログラム②～教育の方法

では，このような知識や技能をどのように獲得していったらいいのか。それには，パートナーシップにおける基礎，知識や技能の修得，実践への応用，という3つのレベルにおいて操作していく必要がある[15]。

まずパートナーシップにおける基礎として，パートナーシップの歴史，理論，概念，意義と課題，倫理等，基礎的内容が提供されなければならない。特にパートナーシップにおける倫理として，フィリップ（V. Phillips）とマックロー（L. McCullough）は，①問題に対する責任の共有，②決定事項に対する責任と認識の共有，③能力と資源を集結することは，相互に有益であるという信念。それは，広範囲の解決策が提供される，問題を考察する際多様な専門的知識と資源が活用できる，生み出される解決策が卓越で独創的であるというメリットがある，④決定事項は，時間，エネルギー，資源の消費に値するという信念，⑤パートナーシップにおける相互関係性は重要であり望ましいものであるという信念，をあげている[16]。

またウェルクとシェリダンは，パートナーシップの各メンバーは専門的かつ倫理的に行動する責任があり，プライバシーの保護（privacy），秘密の保持（confidentiality），インフォームド・コンセント（informed consent）の重要性を指摘している[17]。

第４章　学校・地域の連携と教師教育

　次に，パートナーシップに関する知識や技能の習得であるが，そのためには関連ある諸学問の内容を採り入れた学際的なコースワークは有益である。そこでは各専門領域の教授によるチームで授業が展開され，学生は問題解決のための多様な概念，知識，技術を学習する。そして，パートナーシップの概念的，実践的洞察を得る。また，コミュニケーション技能やコンフリクト・マネジメント技能等の習得には，感受性訓練（Sensitivity Training = ST）等体験的な学習が効果的である[18]。

　さらに，学習した知識や技能を確かなものにするために，またそれらを応用するために，講義にとどまることなく学校現場での観察や体験等，より実践的なフィールド経験が大切である。

　フィールド経験に関しては実際の学校現場での経験が求められるが，まず現場で応用する前に大学の授業で現場経験につながっていくビデオテープによる協働場面の観察，ロール・プレイング（role-playing）等が考えられる。そして実際の学校現場では，多様な教育場面における他の専門職や保護者と効果的にパートナーシップを展開していく実際の活動を含むべきである[19]。その際，学校現場との連携が必要であり，「職能開発学校」（Professional Development School = PDS）は有効である[20]。

　こうした活動をとおして，自らの実践を省察する（reflect）機会を持つ必要がある。ショーン（D. A. Schön）は，省察は自分の実際の経験を振り返りそこから洞察を得，専門職として適切な行動を促す，と言う。それは，実践をとおして起こった出来事を分析し，抽象的な理論を現実場面に応用することを支援する[21]。

　教師を始めとした専門職の教育プログラムにおいては，このようなパートナーシップの基礎，知識や技能の習得，実践現場への応用が求められるのである。

第4節　総括——大学における教師養成教育の課題

　アメリカにおいては，州が付与する免許（license）とは別に，高度な専門職としての基準を満たしているという資格証明（certificate）をする「全国教職基準委員会」（National Board for Professional Teaching Standards ＝ NBPTS）が設置されている。NBPTS は，優れた教師の条件として5項目を提示しているが，その中の1つに「教師は学習共同体の一員である」として，教師として学校と地域の連携を効果的に展開することをあげている[22]。

　また，「全国教職基準委員会」（NBPTS）と「全米教師教育資格認定協議会」（National Council for Accreditation of Teacher Education ＝ NCATE）では，共同事業として大学院レベルの教師教育プログラムの開発を試みているが，特に実践における体系的な探究（systematic inquiry），実践の省察（reflection），学習者の要求に応じた他者との協働（collaboration）という能力の開発を重要視している[23]。

　わが国においても同様に，学校と地域のパートナーシップ構築能力が教師に求められている。とするならば，ウェルクが指摘しているような知識，技能を総合的・体系的に提供するような教育プログラムを教師養成教育において導入していくことが必要である。またそれは，養成教育にとどまらず，採用や研修の内容，方法においても考えていかなければならない。そのためにも，「職能開発学校」（PDS）のような教師教育における大学と学校，さらに地域の諸機関・団体も含めた大学と学校・地域の連携組織を整備していく必要がある[24]。

　ところで，パートナーシップに向けた能力開発の問題は，学校と地域の連携を効果的に展開するための条件整備，特に学校経営，教育行政の問題へと発展していく。教師が連携活動を実施するための会議，打ち合わせ，連絡調整のた

第4章 学校・地域の連携と教師教育

めの時間の確保，学校の年間授業計画や行事計画の見直し，地域との連携に向けた学校内外の組織の整備，連携のための校内外の研修の開催等である。そして，学校評価，教員評価において，パートナーシップや協働という観点からの評価も求められよう。また，学校と地域の連携を活性化していくためには各地域，学校の自主性・自律性を尊重するような教育行政が一層促進されなければならない[25]。

注
(1) 以下の論文等に地域と連携し協働していく能力を育成するための教師教育プログラムの意義と重要性が指摘されている。
   ① 葉養正明「学校とプロフェッショナリズム」『日本教育行政学会年報』第27号，2001年。
   ② 玉井康之「特色ある学校づくりと教師教育の課題―地域教育連携の力量形成を中心として―」『日本教師教育学会年報』第12号，2003年。
   ③ 芝山明義・岩永定「教師の対外的経営力量の必要段階とその形成機会に関する研究―四国4県の小・中学校教師の意識調査を通して―」『日本教師教育学会年報』第12号，2003年。
(2) 拙著『学校・地域・大学のパートナーシップ―ウェスト・フィラデルフィア改善組織（WEPIC）の事例研究』学文社，2001年，p.54。
(3) Hord, S. M. A Synthesis of Research on Organizational Collaboration. *Educational Leadership*, Vol. 43, No. 5, Feb. 1986, pp. 24-25.
(4) Welch, M. and Sheridan, S. M. *Educational Partnerships: Serving Students at Risk*. Harcourt Brace, 1995, p. 383.
(5) Welch, M. Collaboration: Staying on the Bandwagon. *Journal of Teacher Education*, Vol. 49, No. 1, Jan.-Feb. 1998, pp. 31-32.
(6) *Ibid.*, p. 32.
(7) 拙著，前掲書。
(8) Jayanthi, M. and Friend, M. Interpersonal Problem Solving: A Selective Literature Review to guide Practice. *Journal of Educational and Psychological Consultation*, Vol. 3, No. 1, 1992, pp. 42-50.

(9) Welch and Sheridan, *op. cit.*, pp. 85-102.
(10) *Ibid.*, pp. 107-119.
(11) Friend, M. and Cook, L. *Interactions: Collaboration Skills for School Professionals (3rd ed.)*. Longman, 2000, p. 240.
(12) Welch and Sheridan, *op. cit.*, pp. 126-127.
(13) Welch, *op. cit.*, p. 30.
(14) *Ibid.*, pp. 30-31.
(15) *Ibid.*, pp. 32-34.
(16) Phillips, V. and McCullough, L. Consultation-Based Programming: Instituting the Collaborative Ethic in Schools. *Exceptional Children*, Vol. 56, No. 4, Jan. 1990, p. 295.
(17) Welch and Sheridan, *op. cit.*, pp. 389-394.
(18) 感受性訓練とは単なる感受性の訓練ではなく，人間関係訓練としての感受性訓練である。感受性訓練（ST）という用語は限定的ではなく，人間関係とグループダイナミックスへの種々のアプローチを広く含むものであり，このアプローチの中心は「Tグループ」（Training Group）である。アメリカにおいては，特に1970年代「人間中心の教育」（Humanistic Education）の中で注目される。なお，教師教育における感受性訓練の実践，成果及び課題等については，拙稿「教師教育における人間関係訓練―感受性訓練（Sensitivity Training）を中心に―」（拙著『アメリカ教師教育の展開―教師の資質向上をめぐる諸改革―』東信堂，1993年）に詳述している。
(19) 教育学，教育行政学，学校心理学，特殊教育学専攻の学生がそれぞれの学問の壁を越えて効果的な協働を展開するために，学校現場における多様な活動を設定したウタホ大学（University of Utah）の専門職養成プログラム（Welch, M., Sheridan, S. M., Wilson, B., Colton, D., and Mayhew, J. C. Site-Based Transdisciplinary Educational Partnerships: Development, Implementation, and Outcomes of a Collaborative Professional Preparation Program. *Journal of Educational and Psychological Consultation*, Vol. 7, No. 3, 1996, pp. 223-249)，看護学，社会福祉学，児童臨床心理学専攻の学生による学際的なフィールド経験を中心にしたバージニア州立大学（Virginia commonwealth University）の専門職養成プログラム（Allison, K. W., Henry, J., Fabelo, H., Chapin, M., and Howard, C. Integrating Services and Training, The Carver Health Project: Lessons from an Interdisciplinary Professional Training Model. *Universities and Community Schools*, Vol. 7, No. 1-2, Fall-Winter 2002, pp. 95-105) 等の実践が報告されている。
(20) もともと「職能開発学校」（PDS）は，1986年のホームズ・グループ（Holmes

第4章 学校・地域の連携と教師教育

Group）による報告書『明日の教師』(*Tomorrow's Teachers*) の中で，大学教授，現場教師，教育行政官のパートナーシップによって理論と実践を統合するような効果的な教師教育を実践する目的で提言され設立された(Holmes Group. *Tomorrow's Teachers: A Report of the Holmes Group*. Holmes Group Inc., 1986, pp. 62-67)。
ただ現在 PDS という用語は広範に用いられ，ホームズ・グループによる PDS，教育と経済に関するカーネギー・フォーラムの「専門職としての教職に関する専門委員会」(Task Force on Teaching as a Profession) の「臨床学校」(Clinical School)，またグッドラード (J. I. Goodlad) らによる「パートナー・スクール」(Partner School)，アメリカ教育連盟 (American Federation of Teacher = AFT) による「教職実践学校」(Professional Practice School) をも含めて用いられる場合が多い。なお，PDS の実態及び課題等については以下の文献が参考になる。
　① 中留武昭「アメリカ教育経営における校長職養成インターンのプログラム運営に関する実証的研究—学校と大学との"学校文化"の協働化の解明—」『九州大学教育学部紀要（教育学部門）』第39集，1993年。
　② 葉養正明，前掲論文。
　③ 鞍馬裕美「米国の教師教育における Professional Development School の意義と課題—ミシガン州立大学の事例分析を通して—」『日本教師教育学会年報』第11号，2002年。
(21) Schön, D. A. *Educating the Reflective Practitioner: Toward a New Design for Teaching and Learning in the professions*. Jossy-Bass, 1987.
(22) 教育と経済に関するカーネギー・フォーラムの「専門職としての教職に関する専門委員会」(Task Force on Teaching as a Profession) 報告書『備えある国家—21世紀の教師—』(*A Nation Prepared: Teachers for the 21st Century*, 1986) において，「教師は何を知り何ができなければならないか」に対する高度の基準を確立し，それらの基準に合致した教師に資格証明をするために，地域と州のメンバーより構成される「全国教職基準委員会」(National Board for Professional Teaching Standards = NBPTS) の創設が提案された。そして NBPTS は1987年に設立され，教師に関して5つの中核的概念を提示し資格証明の活動を開始した。全国委員会による資格証明された教師 (National Board Certified Teachers = CBCT) の数は年々増加し，2003-04年度までに全国で合計4万211名に達している。(NBPTS. NBCTs by Year. http://www.nbpts.org/nbct/nbctdir_byyear.cfm, 05. 11. 9)
(23) Blackwell, P. J. and Dies, M. E. *Achieving the New Vision of Master's Education for Teachers* (NCATE/NBPTS Partnership for Graduate Programs). National

Council for Accreditation of Teacher Education, 1999, p. 4.

　これら3つの能力「省察」「体系的探究」「協働」は，教師の職能成長の核心であり，またある問題に関する省察は他の専門職や地域の諸機関団体との協働によるアクション・リサーチ（action research）や他の体系的探究の形態を導くというように連動したものである，としている。

(24) ところで「全米教師教育資格認定協議会」（NCATE）は，教師養成教育における資格認定の基準としてフィールド経験と臨床実践を重視し，大学と学校及び地域の諸機関・団体等とのパートナーシップを強調している。(National Council for Accreditation of Teacher Education. *Professional Standards for the Accreditation of Schools, Colleges, and Departments of Education: 2002 edition.* 2002) また，教師教育における「職能開発学校」（PDS）を重視し，PDSの基準も設定している。

　（National Council for Accreditation of Teacher Education. *Standards for Professional Development Schools.* 2001）

(25) Welch and Sheridan, *op. cit.*, pp. 388-389.

　拙稿「学校と地域社会の連携―最近の動向と課題―」（『九州産業大学国際文化学部紀要』第15号，2000年）に，こうした実践上の幾つかの課題を展望している。

第5章　大学と地域改善
——都市栄養指導（UNI）プログラム

　大学の使命をパーキンス（J. A. Perkins）が言うように，知識の獲得としての研究，知識の伝達としての教育，知識の応用としての公共サービスとするならば，伝統的に研究が重視されてきた。特に，わが国においてはその傾向が強かった[1]。しかし近年，「ファカルティ・デベロップメント」（Faculty Development = FD）「シラバス」「大学教授法」等の用語が頻繁に登場するようになったことからも分かるように，大学における教育も重視されるようになってきた。様々な教育改革の成果が期待されている。

　公共サービスについても同様なことは言える。「産学連携」「地域共同研究」「公開講座」等が以前にも増して活性化している。ただそうした中で，もっと身近な，具体的な地域の問題解決，地域改善のための活動は，重要であるにもかかわらず余りみられない。

　そこで本章では，公共サービスを積極的に展開しているアメリカの大学，その中でとりわけ全国的に評価の高いフィラデルフィア市にあるペンシルベニア大学（University of Pennsylvania）の都市栄養指導（Urban Nutrition Initiative = UNI）プログラムの事例をみていく[2]。これは，地域住民の生活の質の向上を目指した，ペンシルベニア大学とウェスト・フィラデルフィア・パートナーシップ（West Philadelphia Partnership）のジョイント・プログラムである。

　そこで，まずUNIの背景としてペンシルベニア大学とウェスト・フィラデ

ルフィア・パートナーシップについて概説する。そして，UNIの起こりとそれがどのように発展していったかを明らかにし，UNIの活動内容をみていく。最後に，ペンシルベニア大学が地域改善にどのように関わっていったのかその主たる特長及び課題をあげ，大学における地域改善の在り方について示唆を得る。

第1節　ペンシルベニア大学とウェスト・フィラデルフィア・パートナーシップ

　フィラデルフィア市は，ニューヨーク市とワシントンD.C.の中間に位置する，人口約150万（2002年），全米第5位の都市である。市中をスキルキル川が流れているが，スキルキル川西部をウェスト・フィラデルフィアと呼ぶ。この地区は黒人や東南アジア系，ヒスパニック系の移民が多く，多くの人が貧困にあえぎ生活保護を受けている。このウェスト・フィラデルフィア地域に本章で扱うペンシルベニア大学は位置する。

　ペンシルベニア大学は，今から約260年前の1740年に創立された歴史ある大学である。アメリカ東部のアイビーリーグの1校でもあり，現在4学部と12の大学院を有する全米有数の総合大学となっている[3]。

　設立者とされるベンジャミン・フランクリン（Benjamin Franklin）の思想も影響して，当初，ペンシルベニア大学は伝統的な学問と実践的・応用的な知識を連結することを重視し，実践的教育の強調という点においてその特色を有していた。この実践的教育の伝統は，大学の歴史を通して引き継がれてきた。

　ところで20世紀後半，都市部において貧困や犯罪等の問題が深刻化していくと，大学，特に都市部の大学に複雑な現実の社会問題を解決する市民の機関となることが大いに期待されるようになってくる[4]。

　こうした中，ペンシルベニア大学に新たな動きがみられるようになった。こ

こで，1980年代以降の大学の取り組み，組織づくりをみていく(5)。

　まず1980年を前後して，ペンシルベニア大学は地域社会の問題に対して大学の教職員と学生，地域住民を巻き込んだ，より総合的なアプローチを試みるようになっていった。特に1980年代以降，都市問題への新しい関心とともに，学術的資源を地理的に隣接する地域の生活の改善を援助するために活用しようとする取り組み，地域と真に相互利益を受けうるようなパートナーシップを創造しようという取り組みが開始された。

　1983年，近隣地域と新しい関係を築くために地域政策研究室（Office of Community-Oriented Policy Studies = OCOPS）が教養学部に設立された。また同年，後述するウェスト・フィラデルフィア・パートナーシップ（West Philadelphia Partnership）も設立された。

　地域政策研究室（OCOPS）は，ウェスト・フィラデルフィア・パートナーシップとともに活動した。そこでの学術プログラムは，学問の成果を都市や地域の問題解決に応用していくような，理論と実践を結びつける内容であった。

　1985年春，OCOPSにおいてペンシルベニア大学学長ハックニィ（S. Hackney），歴史学教授ベンソン（L. Benson），OCOPS室長ハーカビィ（I. Harkavy）による特別歴史セミナー「都市における大学と地域社会の関係—事例研究としてペンシルベニア大学とウェスト・フィラデルフィアの過去，現在，未来」が開講された。そして，このセミナーの学生は若者の失業問題を研究し，現存する機関や資源を利用してより良い，費用のかからない若者組織を創設することを提案した。その後，ブライアント小学校（Bryant Elementary School）区を中心にウェスト・フィラデルフィア5地区の50名の若者による活動が7月より開始された。これがウェスト・フィラデルフィア改善組織（West Philadelphia Improvement Corps = WEPIC）となるのであるが，これらの活動は大学に隣接するウェスト・フィラデルフィア地域住民の生活を改善すること

にOCOPSの一層の関心を向けさせた。

　OCOPSが活動を開始して5年，OCOPSの枠組みは，今まで開発してきたWEPICを中心とするあらゆるコミュニティ活動をもはや包含することができなくなった。そして，ウェスト・フィラデルフィアへの関心の転換，WEPIC活動の地域の学校における充実と拡大は，ペンシルベニア大学の大学院生や教職員をもそのプログラムに引き付けた。

　このような全学あげての大学の取り組みを調整するために，1988年教養学部に新たにペンシルベニア大学公共サービス・プログラム（Penn Program for Public Service = PPPS）が創設された。PPPSは今日まで，全学部と大学院に都市の問題，特にウェスト・フィラデルフィアの問題をどのように効果的に解決することができるかという問題に関わっていくことを刺激する，触媒的な機関として機能している。

　さらに1992年，大学全体として地域との連携活動を活性化していくために全学的な機関であるコミュニティ・パートナーシップ・センター（Center for Community Partnerships = CCP）が設立された。

　センターの目的は以下の4つである[6]。

　① すべての大学規模の地域サービス・プログラムの調整と協働の推進
　② 大学と地域間の効果的なパートナーシップの構築
　③ ペンシルベニア大学と地域社会を連結する新しい創造的な活動の推進
　④ 地域の諸機関・団体とともに地域改善活動への参加

　こうして今日コミュニティ・パートナーシップ・センターは，フィラデルフィア市，特にペンシルベニア大学近隣地域の生活の質の向上に貢献するために，大学の有する資源を提供し地域と大学の掛け橋として活躍している。特にその中で，「学問に基礎を置いた地域サービス」（Academically-Based Community Service = ABCS）を中心にして活動を展開している。そのために，

CCPは各学部と大学院と共催の授業を開講している。

「学問に基礎を置いた地域サービス」とは，教育と参加的アクション・リサーチ（Participatory Action Research）に強力に連結するサービス活動であり，サービス体験とともに，問題解決を目指した教育と研究を含むものである[7]。

ところで，ペンシルベニア大学におけるウェスト・フィラデルフィア地域との地域改善のための連携協力は古くからみられるが，本格的な組織的活動は1959年設立の「ウェスト・フィラデルフィア協会」（West Philadelphia Corporation）にみることができる。そして1983年，このウェスト・フィラデルフィア協会を母体として，地域社会の多様な構成員が対等平等に参加し地域を活性化していく「パートナーシップ」（partnership）という理念の下に，「ウェスト・フィラデルフィア・パートナーシップ」（West Philadelphia Partnership）が成立する。構成メンバーは，ペンシルベニア大学を始めとして地域の諸機関・団体，企業，地域住民である。

ウェスト・フィラデルフィア・パートナーシップの目的は，使命，任務（mission）としてあげているが，端的に述べるならば，黒人等低所得層が多く居住するウェスト・フィラデルフィア地域を活性化し地域住民の生活の質を高めることである。そのためにウェスト・フィラデルフィア・パートナーシップは，①人的，技術的及び財政的資源の開発及び調整において，情報センターとして，促進者として，利害関係の調停者として，また触媒として行動する，②資金と運営能力が必要な特別なプロジェクトに対する受託者あるいはプログラム・マネージャーという立場で行動する，としている[8]。

そして，ウェスト・フィラデルフィア・パートナーシップの活動は7つのプログラムにおいて展開されている。これらは，プログラムであると同時に組織でもある[9]。これら7つのプログラムの中で，学校・地域・大学のパートナーシップとして全国的に注目され活発な活動が展開されているのがWEPICである。

第2節　都市栄養指導（UNI）の起こりとその発展

　UNIについて説明する前に，まずWEPICに触れなければならない。
　先述のとおりWEPICの活動は1985年より開始されるのであるが，活動を展開していく中で新たな発見をしていく。それは，学校は生徒だけに影響を与える機関ではなくて地域住民にも影響を与える機関である，つまり学校は地域全体を変革していく際の戦略的なまた触媒的な機関として機能することができる，ということであった。また一方で，生徒だけを対象にするよりも地域全体を対象にしていく方が生徒の教育にとっても効果的であると認識した[10]。
　こうした中で，ペンシルベニア州より地域の総合的なコミュニティ・スクール（community school）を開発するために多額の研究奨励金がWEPICに提供された。この時，ターナー中学校（Turner Middle School）校長はコミュニティ・スクールに対して強い関心とリーダーシップを示し，以後ターナー中学校はWEPIC活動の拠点になっていく。
　コミュニティ・スクールの開設にともなって，ターナー中学校の教師と生徒，ペンシルベニア大学の大学院生により地域住民はどのようなプログラムに関心を持っているか調査したところ，教育，職業訓練，健康，デイ・ケア（day care）等であることが判明した。特にその中で「健康」に関するテーマは地域社会のためだけではなくて，ウェスト・フィラデルフィア地域とペンシルベニア大学の研究と教育を変革する大学規模の参加的アクション・リサーチ（participatory action research）プログラムを創造するための戦略的テーマになっていった。多くの学部・大学院の教授が健康に関する研究と教育には関心を持っており，ペンシルベニア大学で高い威信を持つ医学部も含めて全学がWEPIC活動にかかわっていくのである。

第5章　大学と地域改善

　こうした背景をもって1990年，人類学科において人類学310「栄養と健康とコミュニティ・スクール」という授業がジョンストン（F. Johnston）教授により開始された。この授業はペンシルベニア大学の学部生を対象にしたサービス学習コースであるが，都市部における栄養に関する問題を広範に扱う内容で，そこでの課題解決を探る実践的なアプローチを採用していた。そのために，ターナー中学校とパートナーシップ活動を展開していった[11]。

　そして，1992年にペンシルベニア大学にコミュニティ・パートナーシップ・センター（CCP）が設立されると，CCPはこれらの活動を「都市栄養指導」（Urban Nutrition Initiative = UNI）プログラムとして立ち上げた。

　その後，活動をターナー中学校からさらにドリュウ小学校（Drew Elementary School），ユニバーシティ・シティ高校（University City High School）へと拡大していった。

　特に，このプログラムが大きく飛躍したのは1999-2000年である[12]。まず，この年に新たに看護学部のバーグ（F. Barg）教授がこの授業に加わった。他学部からの参加は他学部との協働を促す契機ともなり，授業も一層活性化していく。授業に参加している学生は，ターナー中学校でUNIプログラムとともに活動した。この授業の学生は，放課後の「果物と野菜の売店」（Fruit and Vegetable Stand）を運営し，また進行中の「庭園」（Gardening）プログラムを促進していった。そして，パブリック・ヘルス（Public Health）キャンペーンにつながる栄養教育プログラムをつくりあげていった。

　またこの年に特筆すべきことは，ネター・フェローシップ（Netter Fellowships）制度が始まったことである。ネター・フェローシップとは，ペンシルベニア大学出身のネター（E. Netter）の寄付金による，UNIで活動する学部生及び大学院生のための奨学金プログラムである。1999-2000年は本制度が施行された最初の年であり，5名の学部生と2名の大学院生がネター・フェ

ローとして採用された。

　学部生5名のネター・フェローは，週15〜20時間UNIとともに活動する。彼らは，UNIの活動内容に関する研究プロジェクトを遂行し，これらの研究活動に加えて，日々UNIの運営，特にドリュウ小学校における放課後の果物と野菜の売店の運営を支援する。ペンシルベニア大学人類学専攻院生2名のネター・フェローは，UNIの共同プロジェクト・ディレクター（Co-Project Directors）として活躍した。彼らの責任は，補助金の記録と管理，研究の調整，評価とプログラム運営である[13]。

　このようなネター・フェローシップ制度は，ペンシルベニア大学におけるサービス学習運動にとって非常に意義あるものとなり，UNIの発展に大きく寄与した。その後，地域との連携のための多くの補助金が，ネター・フェローシップの成功に基づく学生奨学金制度を採用するようになる。

　さらにこの年，UNIにボランティアの発掘，訓練，維持において改善がみられた。これにより100名以上のボランティアが，延べ5000時間UNIの地域サービスに従事するようになった。

　UNIは，ボランティアに対する一連の説明会を開催し，またボランティア・プログラムの包括的団体であるシビック・ハウス（Civic House）により催される2つのボランティア・フェアに参加した。そして，ボランティアのための訓練プログラムを開始した。すべてのボランティアは学校でUNI活動をするために少なくとも1つの訓練セッションに参加し，終了後はレフレクション・セッションにおいて体験の意味を理解する機会を持った。このような強力な訓練セッションは，UNIの活動を組織的に遂行するのに極めて効果的であった。

　こうしてUNIは，人類学310「栄養と健康とコミュニティ・スクール」の授業に参加している学生と一握りのボランティアにより運営される組織から，ペンシルベニア大学における大きな地域サービス組織の1つになっていった。

そして，学部生と大学院生，手当を支給するスタッフとボランティア，このような混合したメンバー構成は，「学校に基礎を置いたプログラム」によくみられるのであるが，大学と公立学校の年間スケジュールや時間割等がうまくかみ合わないときに発生する諸問題の克服に極めて有効であった。

第3節　都市栄養指導（UNI）の活動

UNIの活動を説明する前にその目的を述べると，以下に示すとおりである[14]。

- フィラデルフィア市の低所得地域において，果物や野菜の摂取を増やすことによって栄養状況を改善する。
- 学校に基礎を置いた庭園（School-Based Gardens）をとおして都市環境を改善する。
- 教育を，問題解決者及び地域変革の仲介者として子どもに焦点付けた活動的かつ希望に満ちたプロセスに変える。
- 大学と学校のパートナーシップを創造し，健康行動を促進する諸資源を結集する。
- 近隣健康フェア（neighborhood health fairs）や地域健康プログラム（community fitness programs）を通して，学校を基礎に置いた地域健康増進プログラムを促進する。
- ビジネス開発活動を含むK-12学年の起業カリキュラム（entrepreneurial curriculum）をとおして，社会・経済的発達を促す。

こうした目的の下に，UNIは次のような活動を展開している（1999-2000年）[15]。

果物と野菜の売店（Fruit and Vegetable Stands）

学校に基礎を置いた農産物の売店がUNIの栄養教育へのアプローチの基礎となっている。生徒によって運営されるこれらのマーケットは起業教育（entrepreneurial education）と問題解決を結合する。彼ら自身の健康と彼らの仲間と家族の栄養習慣を改善することを求めながら，子どもたちは変革の仲介者として活動する。このプログラムは，果物と野菜に一層接近させることにより健康を改善する。放課後この売店で健康的な軽食の選択を提供することは，子どもたちに健康的な多様な購入習慣を確立すること，そして放課後の軽食行動を改善することを手助けする。

学校に基礎を置いた庭園（School-Based Gardens）

学校園は古くからみられ世界の学校で実践されているが，このプログラムは学校園に栄養教育，環境に優しい有機農業，若者の起業（entrepreneurship），近隣地区の美化というユニークな観点にその特徴を有する。学校園は，子どもたちが学校と地域の改善に従事するために「果物と野菜の売店」と同様な機会を提供する。またUNIの学校園は，国語や社会と同じく理科と数学の実践的，体験的な学習の場となる。

小ビジネス開発（Microbusiness Development）

起業は，UNIのK-12学年教育プログラムをとおして統合されたテーマである。「果物と野菜の売店」をとおして生徒は，起業技能を身につけビジネス界に馴染んでいく。特に，中学校と高校の生徒に対してより複雑なレベルの参加を提供する。学校に基礎を置いたビジネスは，停滞している近隣地域の経済発展を刺激する価値ある技能を教え，また継続的な教育プログラムの確立に貢献する。

学際的カリキュラム（Interdisciplinary Curriculum）

UNIは，栄養，庭園，起業のテーマをK-12学年のカリキュラムに組み込

第5章　大学と地域改善

んでいる。庭園造りや放課後の売店運営にみられるような実践的な活動は，主要な科目に創造的に統合される。UNIプログラムに参加する教師は，理科，社会，国語，数学の教育基準に合致するような各学校のカリキュラムを確立するための作業をしている。学校カリキュラムに，健康，栄養，地域環境の改善をリンキングすることは，生徒のモティベーションと学力を高める。

このような活動をウェスト・フィラデルフィア地区の3つの学校，ドリュウ小学校，ターナー中学校，ユニバーシティ・シティ高校で，それぞれの学年段階に応じて展開している。

各学校の活動は以下のとおりである。

　ドリュウ小学校：果物と野菜の売店，学校園，学級料理教室，学際的カリキュラム，フィールド・トリップ

　ターナー中学校：果物と野菜の売店，学校園，学際的カリキュラム

　ユニバーシティ・シティ高校：都市農芸と小ビジネス開発，学校園，学際的カリキュラム，地域健康プログラム

教師，生徒，保護者は，こうしたUNIプログラムを非常に肯定的にみており，果物と野菜の売店は軽食行動を改善する効果的な戦略であると支持している。そして調査の結果，ドリュウ小学校の生徒は他の学校の生徒より放課後の軽食としてより多く野菜や果物をとっている，さらに野菜と果物が最も一般的に消費される放課後の軽食であるということが判明した[16]。

ところで，UNIプログラムの活動を運営していくための資金はどうなっているのだろうか。

UNI資金の財源と支出は次のようになっているが，総額$102,000で主な財源は寄付金，連邦補助金であり，支出は給料，給付金，庭園プロジェクト，コンピューター，プリンター，カリキュラムのための備品等である（1999-2000年）[17]。

UNI資金の財源
　寄　付　金：$52,020（51%）
　連邦補助金：$46,920（46%）
　　アメリカ農務省・地域食料プロジェクト（Community food Projects）$40,800（40%）
　　アメリカ住宅都市開発省 $5,100（5%）
　　健康スタート・プログラム（Healthy Start Program）$1,020（1%）
　私　財　団：$3,060（3%）
　　ゴールドスミス財団（Goldsmith Foundation）$3,060（3%）
　合　　　計：$102,000（100%）

支　出
　給料，給付金：$60,000
　カリキュラム・ワークショップ：$2,000
　カリキュラムのための備品：$6,000
　　書籍 $5,000　　教材 $1,000
　庭園プロジェクト：$16,000
　　木材 $6,000　種 $1,000　土 $1,000　植物や樹木の苗 $3,000
　　鉢，容器 $1,000　道具 $1000　雑貨 $1,000
　　道具とトラックのレンタル $2,000
　果物と野菜：$4,000
　コンピューター，プリンター：$8,000
　事　務　経　費：$2,500
　　写真複写 $500　事務用品 $2,000
　ボランティアのための茶菓，トレーニング及び地域サービス行事：$2,000
　旅費，会議費：$1,500
　合　　　計：$102,000

第4節　総括——ペンシルベニア大学と地域改善

　大学が地域改善にどのように関わるかについて考えるとき，これまでみてきたペンシルベニア大学におけるUNIの事例は非常に示唆的である。ここで本事例の幾つかの特長をあげてみたい。

第5章 大学と地域改善

　まず，地域改善というがそれは学校改善でもある。学校は生徒だけに影響を与える機関ではなくて地域住民にも影響を与える機関であり，地域全体を変革していく際の戦略的な機関なのである。そこで，地域改善の戦略として公立学校の改善を展開していくのである。

　そして，大学と学校，地域社会の連携を実践していくとき，それはまさに対等の関係である。大学が一段高いところから学校を指導するといったような，大学から学校へという上下，主従の関係ではなく対等平等のパートナーシップの関係である。パートナーシップとは，「ある問題の解決を目指して，本来の目的，機能，組織，文化等の異なる集団が，プログラムの計画（Plan）→実践（Do）→評価（See）のサイクルに対等の立場において協働し利益を共有する関係」を意味する[18]。

　その際大学に求められるのが，「学問に基礎を置いた公共サービス」である。そして，学問に基礎を置いた公共サービスを効果的に展開する方法は，参加的アクション・リサーチ（participatory action research）である。参加的アクション・リサーチは，緊急の重要な地域社会の問題を解決するための研究であり，解決の為に有益な行動を導き出す研究である。地域の住民から，そして地域の住民とともに学ぶ，そして地域社会の重要な問題について住民と一緒に研究していくことの重要性を強調する。またそれは，研究であると同時に教育（学習）でもある。このようにして，大学の地域サービスは研究と教育から引き出され，またそれは研究と教育に結び付けられる。言うなれば，研究と教育と地域サービスの統合を志向するのである。

　そして大学は，このような複雑な社会問題を理解し解決していく，地域社会に焦点をあてた実践的，応用的な研究，教育，サービス活動を評価する。

　また大学は，コミュニティ・パートナーシップ・センターという，大学として統合的に地域社会との連携を活性化させる，明確な理念を持った機関を設立

している。こうした機関は，大学自身を，さらに学校，地域社会を活性化させる。大学が学校，地域社会を改善するためにもっと活動的になろうとするならば，大学は，そうした努力を刺激する，そして協働するためのダイナミックな機関を必要とする。

これらがペンシルベニア大学におけるUNIの主な特長としてあげられるが，さらにUNIを発展させるために次のような課題をあげ，その克服に努めている[19]。

まずUNIにおいて，プログラムをどのように充実，発展させていくか，さらにそれらの有効なプログラムを他地域にどのように普及させていくかを課題としている。具体的には，①ユニバーシティ・シティ高校区及びウェスト・フィラデルフィア高校（West Philadelphia High School）区の小・中学校をこのプログラムのネットワークに拡大し，新しく11の学校，9000人以上の生徒を対象にする，②UNIを導入するための国内外の訪問者のためにデモンストレーション地域を創造する，③UNI実践マニュアル（UNI Implementation Manual），カリキュラム資源ガイド（Curricular Resource Guide）を作成していく，等である。

また，UNIにおける調査研究領域の拡大と深化，特にこれらの体験が生徒，家庭，地域社会にどのような影響を与えているのかプログラムの成果の調査及びその長期的な追跡調査を今後の重要課題としている。そして，長期的な資金，UNIに対する諸機関・団体の支援を獲得していくことを目指している。

注
(1) 有本章・江原武一編著『大学教授職の国際比較』玉川大学出版部，1996年。
(2) *America's Best Colleges 2003 Edition*. U. S. news and World Report, 2002, pp. 113-114.

　　　U. S. News and World Reportでは，2002年に初めてサービス学習（Service

Learning) の分野における全米大学ランキングを出しているが，そこではペンシルベニア大学が第1位にランクされている。
(3) 現在，教養学部，経営学部，工学・応用科学部，看護学部（College of Arts and Sciences, Wharton School, School of Engineering and Applied Science, School of Nursing）の4学部と教養学大学院，工学・応用科学大学院，経営学大学院，アンネンバーグ・コミュニケーション学大学院，教育学大学院，芸術学大学院，歯学大学院，法学大学院，医学大学院，看護学大学院，社会福祉学大学院，獣医学大学院（Graduate Division of Arts and Sciences, School of Engineering and Applied Science, Wharton School, Annenberg School for Communication, Graduate school of Education, Graduate School of Fine Arts, School of Dental Medicine, Law School, School of Medicine, School of Nursing Graduate Division, School of Social Work, School of Veterinary Medicine）の12大学院よりなる総合大学である。
(4) Harkavy, I. School-Community-University Partnerships: Effective Integrating Community Building and Education Reform. *Universities and Community Schools*, Vol. 6, No. 1-2, Fall-Winter 1999, pp. 13-14.
(5) ペンシルベニア大学の組織づくりに関しては，拙稿「大学と地域（学校）のパートナーシップに関する研究―パートナーシップにむけたペンシルベニア大学の組織づくりを中心に―」（『九州教育学会研究紀要』第24巻，1997年）に詳述している。
(6) Center for Community Partnerships, University of Pennsylvania. *The Center for Community Partnerships at the University of Pennsylvania*. 1993.
(7) コミュニティ・パートナーシップ・センターは，「学問に基礎を置いた地域サービス」を次のように説明している。
　　学問に基礎を置いた地域サービスは，
　　・教育と研究に根ざし，本質的にそれらに連結するサービスである
　　・学生と教職員にサービス経験における省察を強調しつつ，問題意識を持った研究，教育，サービス学習を含む
　　・公立学校，近隣開発，地域の諸機関・団体を含む構造的な地域改善をもたらすことを目的とする
　　・「すべての学習の最大の目的と終着点は……社会に対するサービスである」というベンジャミン・フランクリンの信念を再確認する。(Center for Community Partnerships, University of Pennsylvania. *Fall 2004 ABCS Undergraduate and Graduate Course List*. 2004)
　　なお参加的アクション・リサーチ（participatory action research）とは，アク

ション・リサーチの中で特に組織を研究し変化させる際，研究者がその組織のメンバーとともに完全な協働者（collaborators）として活動することに特徴を有する。一緒の学習，参加，組織の変化を強調するところの組織学習のプロセスであり，また研究アプローチである。参加的アクション・リサーチは，問題の明確化，仮説の設定，資料の収集，資料の分析，総合的考察，知識の応用という一連の活動をより促進すると指摘される。(Greenwood, D. J., Whyte, W. F., and Harkavy, I. Participatory Action Research as a Process and as a Goal. *Human Relations*. Vol. 46, No. 2, Feb. 1993, p. 177)
(8) ウェスト・フィラデルフィア・パートナーシップに関しては，拙著『学校・地域・大学のパートナーシップ―ウェスト・フィラデルフィア改善組織（WEPIC）の事例研究―』（学文社，2001年）に詳述している。
(9) 7つのプログラムは以下のとおりである。
　① ウェスト・フィラデルフィア・パートナーシップ資源情報センター（The West Philadelphia Partnership Resource and Information Center）
　② ウェスト・フィラデルフィア改善組織（The West Philadelphia Improvement Corps = WEPIC）
　③ ウェスト・フィラデルフィア・パートナーシップ地域開発協会（The West Philadelphia Partnership Community Development Corporation = WPPCDC）
　④ ウェスト・フィラデルフィア・パートナーシップ就職ネットワーク及び照会センター（The West Philadelphia Partnership Job Network and Referral Center = JNARC）
　⑤ ニュー・チョイス（New Choices）
　⑥ ウェスト・フィラデルフィア安全保障委員会（The West Philadelphia Partnership's Task Force on Safety and Security）
　⑦ ウェスト／サウスウェスト・フィラデルフィア被害者・証人支援プログラム（The West/Southwest Philadelphia Victim Witness Assistance Program = WOVAP）
(10) Harkavy, I. The University and Social Sciences in the Social Order: An Historical Overview and "Where Do We Go from Here". *Virginia Social Science Journal*, Vol. 27, Winter 1992, p. 12.
(11) Urban Nutrition Initiative. History. http://www.urbannutrition.org/aboutus.htm#history, 05. 3. 8.
　・Johnston, F. C., Harkavy, I. Barg, G., and Rulf, J. The Urban Nutrition Initiative:

Bringing Academically-Based Community Service to the University of Pennsylvania's Department of Anthropology. http://www.urbannutrition.org/servicelearning.htm, 05. 2. 22.
(12) Urban Nutrition Initiative. *Urban Nutrition Initiative Annual Report, May 1999−May 2000*. 2000.
 飛躍の要因を本報告書から探ることができる。これは UNI の最初に発行された年次報告書である。
(13) 例えば，学部生ネター・フェローの1人であるパドラ（A. Padula）は UNI の活動に地域健康（community fitness）の考えを組み入れ，ユニバーシティ・シティ高校でそのプログラム運営に大きな力を発揮した。また，シュワルツ（A. Schwartz）は UNI が学校で遂行している活動に対する保護者，地域住民の意識を調査した。そして，ドリュウ小学校におけるサマープログラムの必要性を確認した。グリフィン（E. Griffin）はターナー中学校での学校園の開発プロジェクトを担当した。そして学校園での活動に加え，国際的な都市農芸運動について研究し，ターナー中学校における参加生徒のプログラムの成果を調査した。ジャクソン（J. Jackson）とアトキンソン（N. Atkinson）は，1999-2000 年の UNI ボランティア・プログラムの調整を担当した。そして，ボランティアへの訓練プログラムを追加した。(Urban Nutrition Initiative, *op. cit.*, 2000, pp. 16-17)
(14) Urban Nutrition Initiative, *op. cit.*, 2000, p. 2.
(15) *Ibid.*, pp. 4-13.
 さらに 2002-2003 年においては，新たなプログラム，例えばドリュウ小学校において UNI ドリュウ・サマー・キャンプ（UNI-Drew Summer Camp），ユニバーシティ・シティ高校において環境と科学技術等について学習する「エコテク」（ECOTECH）を支援するプログラム等を展開している。(Urban Nutrition Initiative. *UNI Report 2002-2003*. 2003)
(16) Urban Nutrition Initiative, *op. cit.*, 2000, p. 14.
 ・Johnston, Harkavy, Barg, and Rulf, *op. cit.*
 このような成果から，2002-2003 年の UNI プログラムは，さらにシャウ中学校（Shaw Middle School），セイヤ中学校（Sayre Middle School），ウェスト・フィラデルフィア高校（West Philadelphia High School）に拡大している。(Urban Nutrition Initiative, *op. cit.*, 2003)
(17) *Ibid.*, pp. 23-24.
 その後資金は増額しており，2002-2003 年では $257,500 になっている。(Urban

Nutrition Initiative, *op. cit.*, 2003, p. 22）
（18）拙著，前掲書，47-54 頁。
（19）Urban Nutrition Initiative, *op. cit.*, 2003, pp. 23-27.

第6章 教育のための非営利組織（NPO）
―― フィラデルフィア教育基金（PEF）

　現在，フィラデルフィア市には公立学校の教育の質を改善するために，独立の，非営利組織（Non-Profit Organization = NPO）としてフィラデルフィア教育基金（Philadelphia Education Fund = PEF）がある。PEFはこの20年間革新的な教育プログラムを開発し実践するために，教師の資質能力を向上させるために，また学校改革を地域とともに取り組んでいくために，さらに研究活動を指導するために，フィラデルフィア学区，大学，非営利組織，企業等とパートナーシップにおいて活動し，多大な成果をあげてきた。

　ところで2005年11月，PEFは設立20周年式典を盛大に挙行したが，その最初の活動はPATHS/PRISM: The Philadelphia Partnership for Educationに始まる。

　そこで本章では，PEFの元組織であるPATHS/PRISMまでさかのぼり，PATHS/PRISM，そしてPATHS/PRISMからフィラデルフィア教育基金（PEF）への移行期，さらに2001年以降最近のPEF，それぞれの時期の組織と運営及び活動を中心にみていく。そして，公立学校におけるフィラデルフィア教育基金（PEF）の役割と意義，さらに今後の課題を明らかにしていく。

第1節　PATHS/PRISM——教育のためのフィラデルフィア・パートナーシップ

　一般に教育の場を家庭，学校，社会（地域社会）に分け，それぞれの領域での効果的な教育を目指しつつ，家庭教育，学校教育，社会教育が実践されている。そして，子どもの健全な成長発達という目的から各教育領域において重複する部分も多く，またより効果的な教育を展開することからも，家庭，学校，社会（地域社会）の連携が唱えられる。

　パートナーシップ（partnership）とは，一般に協力，共同，提携等と訳されるが，このような意味では家庭，学校，地域における教育連携という用語でわが国においても以前からそれは唱えられ，幾らかの実践もあった。なぜならば，先述のとおり子どもの教育はそれらが連携協力をして初めて実効あるものとすることができるからである。特に，複雑化した現代社会において教育は，家庭や学校に閉じ込めて考えることはできなくなってきている。

　しかし，家庭，学校，地域の連携協力の重要性が認識され，地域に開かれた学校，教育機関のネットワーク化等と盛んに主張されているにもかかわらず，財政基盤や組織を整備した本格的な連携協力は今のところ余りみられない。それは，むしろ今後の課題ということで主張されている。

　そこで，学校と地域の連携協力において積極的かつ挑戦的な活動を展開しているアメリカの学校と地域のパートナーシップについて，その背景，具体的な実践例，課題等を追究してみたい。むろん，わが国とは学校教育の歴史的背景や文化的背景，さらには連邦，州，地方学区の学校教育をめぐる権限構造が異なるけれども，学校と地域の連携協力を考える際，ここに学ぶべき点は多々あるように思われる。

　ところで，1980年代半ばから全米各地で学校と地域のパートナーシップが

第6章　教育のための非営利組織（NPO）

実践されていくのであるが，その形態は実に多様であり，そのすべてを論ずることは困難である。グロス（T. L. Gross）は，パートナーシップ活動をその目的別に，生徒に焦点をあて生徒の学力向上を目指したパートナーシップ，現職教師に焦点をあて教師の資質向上を目指したパートナーシップ，教師や生徒に限定せずそれらを含めて地域住民のニーズに焦点をあて地域の課題解決を目指したパートナーシップ等に分類しているが，本節では，フィラデルフィア市のPATHS/PRISM: The Philadelphia Partnership for educationにおける教師の現職教育に焦点をおいたパートナーシップについて論じたい[1]。なぜならば，意図的教育機関である学校において教育の成果は現場教師の指導力に負うところが大きいからであり，特に現場の困難な問題に直面し資質能力の向上を切望している教師を対象にした現職教育の実践とその充実は極めて重要であると考えるからである。

また，フィラデルフィア市のPATHS/PRISMを事例として取り上げたのは，その予算やスタッフの規模において全米で最大組織の中の1つであり，積極的な活動を展開し大きな成果をあげているからである[2]。

(1) 学校と地域のパートナーシップの背景

パートナーシップの意味を包括的に連携協力ととらえるならば，アメリカでは家庭，学校，地域の連携協力ということにおいてわが国よりその活動は伝統的に活発であった。

アメリカにおいては歴史的に地方分権主義が採用され，それは教育においても例外ではない。連邦憲法修正第10条の規定により，アメリカの公教育に関する権限は州にある。そして，この権限の多くは地方学区に委譲され実質的な管理運営は地方学区に任されてきた。言うなればそれは，地域の，地域による，地域のための学校教育なのである。

そもそもパートナーシップという用語の意味は，厳密には「特別な目的達成を目指して，相互の協力と責任に特徴づけられるところの，個々のあるいはグループ間の関係」(3)と定義されるが，パートナーシップという用語が頻繁に登場するのは1980年代半ばからである。アメリカ教育省の調査によると，学校を中心としたパートナーシップが1983-84年度において4万2200件存在していたのに対し，1987-88年度においては14万800件にも増加している(4)。

　学校と地域のパートナーシップの増加の理由は大きくは2つ，1つは1980年代初期当時のレーガン政権の政策，端的には財政赤字削減のための政策，そしてもう1つは，同じく1980年代初期の教育危機の中での優れた教育を目指す教育改革に求めることができる。

　レーガン大統領就任時アメリカは極度の国内財政赤字にみまわれており，財政赤字削減は緊急の課題であった。そのための施策が予算の削減であり，連邦政府の各州，各地域への補助金の削減，つまり一括補助金（Block Grants）政策の採用である。当然教育関連予算もその対象となり，年度ごとの教育予算削減が計画され，教育一括補助金政策が実施された(5)。

　1981年に「1981年教育統合改善法」（Education Consolidation and Improvement Act of 1981）が制定された。そして，本法第2章「初等中等教育に対する連邦プログラムの統合」において，従来の「1965年初等中等教育法」（Elementary and Secondary Education Act of 1965 = ESEA）にある三十数種の教育プログラムの統合，それに対する教育一括補助金（Education Block Grants）について定めている(6)。従来のプログラムは継続するけれどもそのプログラムを統合しそれに対して一括して補助金を提供する，そして事務作業を簡素化し補助金の管理運営を連邦政府から州政府，さらに地方学区へ任せる，としている。要するに，一括された補助金を初等中等教育を改善するためにどのように活用するかは地方学区の自由裁量とするのであり，現存の連邦，州，地域に

第6章 教育のための非営利組織（NPO）

おける管理運営上の裁量を一層地域に与えるのである[7]。

　レーガン政権の新連邦主義のエッセンスはこの一括補助金政策に凝縮されると言われる。より少ない連邦政府の補助金に対して，より大きな州及び地域の管理運営上の裁量を提供する。レーガン政権にとっては，基金のより大きな裁量はより大きな予算カットをするための方法であった[8]。

　このような状況では，連邦政府の教育予算カット分を各州，さらには各学区において補わねばならず，財政上からも学校と地域のパートナーシップが要請されてくる。さらに1984年には，地域の初等中等学校，高等教育機関，産業界，非営利団体，数学理科協会，博物館，図書館等の間の教育パートナーシップを促進することを規定した「数学，理科，工学教育におけるパートナーシップ法」（Partnerships in Education for Mathematics, Science, and Engineering Act）が成立した[9]。

　また一方では1980年代初め，アメリカの学校教育の荒廃，学力低下等の問題を指摘した報告書や論文が相次いで発表された。「優れた教育に関する全国審議会」（The National Commission on Excellence in Education）による『危機に立つ国家』（*A Nation at Risk*, 1983），ボイヤー（E. Boyer）による『ハイ・スクール』（*High School*, 1983），グッドラード（J. I. Goodlad）による『学校と呼ばれる場所』（*A Place Called School*, 1984）等々である[10]。特にその中で『危機に立つ国家』は全米に大きな反響を巻き起こし，本格的な国家レベルの教育改革が開始される契機となった。

　『危機に立つ国家』の中では，今まで優位を保っていた商業，工業，科学，技術革新の優位は今や他国に奪われようとしていると国家の危機を説き，こうした現状の原因と対策を「教育」に求めている。教育の再建は，商業，工業，技術の再建であり，学校の再建は産業界，軍，ひいては国家の再建へとつながるのである。アメリカの成人約2300万人は機能的非識字者である，高校生の

103

学業成績は26年前のスプートニク打ち上げ時より低下している，産業界や軍では基本的読み，書き，スペリング，計算技能の補充教育をするために余分に数百万ドルも必要であると言っているという指摘の中で，もう教育の問題は教師，学校だけの問題ではないのであり，国家の，産業界のさらには自分達の身近な問題なのである。

　そして，これらの問題を早急に解決していかなければならない。そのためには当然，学校のみならず，地域の他の教育文化施設，大学さらには産業界が，子どもの教育という共通の場において連携協力し，一致団結して教育を実効あるものにしていかなければならない。もはや学校を核にして，地域の各機関各組織が協力と責任のもとに効果的な教育を展開していかなければならないと米国民は心底認識した。

　こうして，学校と地域におけるパートナーシップは，1980年代半ばから全国的規模で急速に普及していく。

(2)　PATHS/PRISMの組織と運営

　全米有数の都市フィラデルフィア市においても，学校と地域のパートナーシップを求める動きは起こった。その1つとして1984年，PATHS (The Philadelphia Alliance for the Teaching of Humanities in the Schools) が設立された。PATHSは，人文科学関連科目のカリキュラム開発とそれを実践する教師の研修プログラムの開発を目的として発足した，フィラデルフィア学区，企業，財団，大学の連合組織である。また翌1985年，自然科学関連科目（数学，理科）を対象に同様な目的で，PRISM (The Philadelphia Renaissance in Science and Mathematics) が設立された。そして1987年，学校の標準カリキュラム改革を意図したフィラデルフィア市教育長クレイトン (C. Clayton) の主導のもとこの2つの組織は合併し，PATHS/PRISM: The Philadelphia Partnership for

第6章　教育のための非営利組織（NPO）

education という名称にて今日に至っている[11]。

PATHS/PRISM の組織は，管理運営に関する意思決定機関である理事会と実際に具体的な活動を展開するスタッフ集団より構成される。スタッフ集団の責任者は理事会が任命する執行ディレクター（Executive Director）である。執行ディレクターがプログラム・コーディネーター（Program Coordinator）等の他のスタッフを任命し，理事会と連絡調整しながら，各パートナーの人的資源・物的資源の援助を受けつつ実際にその活動を展開していく[12]。

理事会のメンバーは以下の機関及び組織の代表者となっている。

(1) フィラデルフィア・コミュニティ・カレッジ
(2) フィラデルフィア公立学校支援委員会
(3) ドレクセル大学
(4) フランクリン協会
(5) フィラデルフィア学校管理者協会
(6) フィラデルフィア教員連盟（AFT のフィラデルフィア支部）
(7) フィラデルフィア学区
(8) テンプル大学
(9) ペンシルベニア大学

そして，これ以外に理事は，学校教師，行政官，ビジネスマン，文化人を含む教育関係者の中から選出される。理事の数は最低10名以上，必要に応じてその増減を考えるとしている。なお，理事の任期は3年である。1992-93年度の PATHS/PRISM の理事は29名，スタッフは21名となっている[13]。

ところで PATHS/PRISM の運営資金は，公的機関と私的機関からの出資により確保されている。出資機関とその出資額は年度ごとに若干変動するが，最新（1994-95年）の計画書では次のとおりであり，総額約 $3,350,000 の予算編成となっている[14]。

収入状況(主な出資機関とその額)

①国家科学基金($1,150,514),②フィラデルフィア学区($600,000),③ピュー・チャリタブル・トラスト($600,000),④ウィリアム・ペン基金($158,278),⑤グレイター・フィラデルフィア・ファースト($150,000),⑥アメリカ教育省($88,319),⑦ピッツバーグ大学($77,220)等

支出状況(主な支出とその額)

①スタッフの給与と諸手当($990,900),②講師への謝礼金($764,454),③研究奨励金($644,900),④コンサルタント料($300,250),⑤会合費($101,930),⑥教材・書籍費($96,765),⑦印刷・出版費($96,650),⑧旅行・宿泊費($67,515)等

(3) PATHS/PRISMの活動

PATHS及びPRISMの設立当初の目的は,カリキュラム開発とその実践者たる教師の研修プログラムの開発であった。そして,基本的にはこれらの領域におけるフィラデルフィア学区の改革を援助した。それは,学区の教育政策に対して批判するというのではなくて,資源提供者及び促進者としての役割に終始していた。具体的には,教師への研究奨励金の提供,個々の教師あるいは教師グループへの研修機会の提供,国家レベルの実験プログラム(例えば,アメリカ理科振興協会のプロジェクト2061)に対する財政援助等の活動を展開していた[15]。これらの活動の成果は,教室レベルの教育改革に帰結するものであった。

しかし,教室レベルの教育改革は必然的に学校レベルの教育改革へ目を向けさせる。単なる資源の提供者,学区の教育施策支持者からシステマティックな改革の必要性について率直に意見を述べる変革の促進者,機関として変化していくPATHS/PRISMは,徐々により広範なより困難な学校全体の教育改革をもその活動内容として含めていくようになる。

第6章　教育のための非営利組織（NPO）

　さらに，学区経営や学校の管理運営，職能開発等に対する構造的な改革，すなわち「学校に基礎を置いた改革」（School-Based Restructuring and Renewal）の全国的な主張は，PATHS/PRISM の学校改革活動を促進した。フィラデルフィア学区では，教育関係のスタッフが削減されより多くの権限が各地区，各学校に分散されてくる。例えば，1989年には中央教育課程部局には289名のスタッフがいたが，1994年にはわずか16名なのである。並行して中央教育課程部局は，トップ・ダウン形式から各学校での改革努力の援助・促進へとその役割を変えていく。こうした中で，PATHS/PRISM は活動領域の拡大と方針の再調整を進める[16]。

　1990年代に入り，PATHS/PRISM は，研修プログラムに学校全体の改革に焦点づけた内容を積極的に展開していく。これまでの経験から，カリキュラムや教授法の研修を受けた一部の教師がその成果を現場に生かし同僚に広めることは非常に困難なことであり，それらの研修だけでは真の教育改革にはならないということを明確に自覚したとも言われる[17]。

　1991年7月から92年11月までに実施された主な研修プログラムは，次のようになっている[18]。

① **カリキュラムにおける書き方**（参加者2500名）

　　各地区に，各教科の書き方指導プログラムを援助するための経費が提供された。そして，コンサルタント等のリーダーシップ・グループが各地区で書き方指導のためのミニ会合を開催し指導した。このプログラムは，200名以上のコンサルタントと500名以上の教師の相互訪問を含む。

② **クラスター・イニシアティブ**（400名）

　　5つの小学校と2つの中学校における校長，教職員，保護者による「学校を基礎にした経営」（School-Based Management）を目指した学校改革を援助するために，財政と技術上の援助（会合の企画等）が提供された。

③ ミドル・スクール・コンフェレンス（350名）

　ミドル・スクールにおける広範な革新的教育実践を学び討論するために，1992年11月21日にペンシルベニア大学にて協議会が開催された。このイベントは，PATHS/PRISMをミドル・スクール改革の促進者として位置付けた。

④ 数学／理科ネットワーク（243名）

　数学と理科における最新の教育実践を学ぶために6つの会合が開催された。1991年秋，このネットワークは，数学と理科教師のために数学・理科・工学会議の開催を支援した。

⑤ 対話シリーズ（213名）

　通年のプログラムにおいて，教師（校長を含む）と文化人及び大学人が一緒になって，芸術，人文科学，理科，数学の諸問題について話し合うための会合が開催された。

⑥ 職能開発ワークショップ（180名）

　個々のあるいは近隣の学校の教師の必要と要望に基づき，カリキュラムと教授法に関するワークショップを企画し運営するための奨励金が教師に提供された。教材等が参加者に提供されるが，最低10名以上の教師が参加しなければならない。

⑦ 幾何プロジェクト（177名）

　過去2年間の集中的職能開発プログラムによって獲得された教育実践を継続させるために，毎月のミーティングが開催された。

⑧ ファイルと実践に基づいた評価のパイロット・プロジェクト（175名）

　教職員と保護者のティームが生徒の評価法を開発するためのプロジェクトである。PATHS/PRISMは，財政と技術上の援助そしてセミナーを開催することによって16の小・中学校を後援した。

第 6 章　教育のための非営利組織（NPO）

　1991 年 7 月から 92 年 11 月までの PATHS/PRISM の研修プログラムには，合計 22 プログラムに 4600 名以上の教師が参加した。そのプログラムは，教師個人の資質能力の向上を目的としたものと，学校の管理運営をも含めた学校全体の改革を目的としたものに 2 分される。「クラスター・イニシアティブ」，「ミドル・スクール・コンフェレンス」等は学校改革を目的としたものである。特に，「クラスター・イニシアティブ」は 1990 年から 93 年までの継続された学校再生（Renewing School）のためのプログラムであり，その詳細な内容と成果等を記した報告書も提出されている[19]。

　それぞれのプログラムに対し若干の成果もコメントされているが，全体的には，参加者の評価，外部の評価報告書，事例研究等を通して，「効果があった」から「かなり効果があった」の範囲でその肯定的な成果が報告されている。そして，特に PATHS/PRISM の組織的なプログラムにより，教師は，① 生徒の活動を積極的にとり入れた教授法を多く採用するようになった，② 生徒への動機づけ，生徒の興味関心，参加意欲，自信と誇りを高めるのを援助するようになった，と結論づけている[20]。

(4)　PATHS/PRISM の課題と展望

　これまで，フィラデルフィア市の PATHS/PRISM に着目し，その組織と運営，活動等について述べてきたが，ここで PATHS/PRISM を中心にして学校と地域のパートナーシップにおける主な課題とその展望をしてみたい。

　まず組織と運営についてであるが，PATHS/PRISM の場合，規約に理事会のメンバーは最低 10 名以上，必要に応じてその増減を考えるとしてあるが，現実には増える傾向にある。1992-93 年度には 29 名であった。なるほど学校と地域のパートナーシップを考える場合，地域の各機関，各団体，文化人等，より多くをメンバーとした方がより多方面の声を聞くことができる。しかし，

109

メンバーが増えれば増えるほどその組織独自の強力な方針は打ち出しにくくなるとも言える。

　グッドラードは，本来パートナーシップにおいてパートナーは共存的存在であるという仮設に立つのであり，その共存的関係が成り立つために最低3つの条件，①パートナー間に相違点があること，②自己の利益に対する相互の満足があること，③すべてのメンバーの自己利益に対する満足を保証する十分な無私無欲性が各メンバーにあること，をあげている。そして，パートナーシップが無私無欲と自分本位とのバランスを欠くと長続きしないが，これこそが現実であるという[21]。彼は，個々のパートナーシップは地域の不可欠な諸要素を含んだ，概念上または論理上操作しうるだけの小規模なものでなければならないとしている[22]。

　地域の各方面からの声を反映させなければならない。しかしそのために余りにも多様な意見となり，その組織独自の強力な活動方針を打ち出しにくくなる。組織自体のまとまりも弱くなってくる。組織の構成とその運営における民主性と合理性のバランスをどう調整するかが課題である。またその時，その組織の長のリーダーシップの力量が問われる。

　また，PATHS/PRISMの活動は，教室レベルの改革を促す活動から徐々に学校全体の改革を目指す活動へと変化してきた。しかし，このような活動が展開されれば学校改革の問題からさらに，よりシステマティックな学区レベル教育政策問題へと発展してきてしまう。学校を対象とした改革活動は，必然的に政策的な障害に直面せざるを得なくなるからである。

　このような状況で，PATHS/PRISMがより広範な教育改革において効果的な活動を展開していくためには，指導力は低下したとはいえ実際上公教育の管理運営を担っている学区教育委員会と教育政策決定に強い影響力をもつ教員組合との共同関係をいかに維持していくか，ということにかかっている。それら

第6章　教育のための非営利組織（NPO）

との関係がうまくいかなければ、その中で十分な役割を演じていくことはできない。

PATHS/PRISM のスタッフであるユシーム（E. Useem）は、PATHS/PRISM が教育改革において重要なインパクトを与えるためには次の3点が必要であるとしている[23]。

① PATHS/PRISM の活動への教育長の奨励と支持
② PATHS/PRISM の活動へのビジネス界の明白かつ強力な支持
③ PATHS/PRISM スタッフの交渉能力と協力関係構築能力

①，②に関しては教育長及び教育委員会は、PATHS/PRISM がビジネス界からの強力な支持をもっていた場合に政策協議に応じる傾向があるとしている。

③に関しては、主要な機関との不必要な摩擦をできるだけ和らげる配慮が必要であるとして、具体的に次の3つをあげている。① 公的な場で学区や教員組合を批判しない。もしかれらの実践に対して批判があったならば、代表委員会あるいは専門委員会において率直に意見を交換すべきである。② パートナー間の絶え間ない意思の疎通をしておく。情報の共有のためのタイムリーな会合の開催、緊密な連絡は特に大切である。③ 都市部の教育長の任期は一般に数年と短いことからプログラムの継続とコミュニケーションの継続を確保するために教育委員会のあらゆるレベルの職員と協力していく。

一方的な批判ではなくまた逆に単なる迎合でもなく、立場は異なりながらも相互の、相手方への冷静な配慮である。組織のメンバーが誠実に注意深く話す時初めてこれらの組織は変革において本当にパートナーシップを築くことができる。パートナーシップにおいては、責任を転嫁するのではなく責任を共有するという姿勢が特に必要であるように思われる。

ところで、これまで PATHS/PRISM の組織と運営、活動を中心に個々のパートナーシップにおける課題を述べてきたが、さらに各パートナーシップ間

のコミュニケーションを図る，つまり各パートナーシップのネットワーク化とその活発な活動が望まれる。そして，各パートナーシップにおける成功及び失敗事例の分析，その情報交換，また場合によっては，そのネットワークにおいて各パートナーシップの相互支援も必要となろう[24]。この点に関しては，PATHS/PRISM は「公教育基金ネットワーク」(Public Education Fund Network = PEFNET) 下にあるが，PEFNET の積極的な活動が今後一層期待される。

　こうして諸課題を克服しつつ学校と地域のパートナーシップを効果あるものにしていかなければならない。また財政面で，公的機関と私的機関による限定された期間の出資に基づく運営資金で不安定な面もあるが，実際の成果を示すことにより地域の各機関からのより安定した基金を引き出すことができよう。

　アメリカにおいては，教育問題の深刻化，教育予算の縮小，学校を基礎にした改革の中で，PATHS/PRISM 等学校と地域のパートナーシップは今後ますますその役割が重視されていくと思われる。

第 2 節　PATHS/PRISM からフィラデルフィア教育基金 (PEF) へ——移行期の組織と活動

　アメリカにおいて学校と地域社会の連携は伝統的に活発である。ことに 1980 年代に入り「パートナーシップ」(partnership) という概念において積極的かつ挑戦的な学校と地域の連携活動が展開されるようになった。

　そこで本節では，全国でも大規模な組織であり大きな成果をあげているアメリカ・フィラデルフィア市のフィラデルフィア教育基金 (Philadelphia Education Fund = PEF) に注目して，その設立経緯，運営，実際の活動及び成果，課題等を探り，より効果的な学校と地域の連携について考察していく。

第6章　教育のための非営利組織（NPO）

(1)　フィラデルフィア教育基金（PEF）の設立

アメリカの多くの州において，学校予算は州税に加え大きく各地域の財産税（property tax）に依存している。よって，学区によりかなりの差があり，生徒1人あたりの支出では数千ドルの開きがある。特に都市部の学校では，雇用と税基盤の減少により学校財政は厳しく，さらに中流階級子弟の私立学校あるいは郊外の学校への異動，また経済的に貧しく人種的に孤立した生徒の増加，生徒非行や学力低下の問題等，学校をめぐる状況は極めて厳しい[25]。

このような状況の中で，1980年代フィラデルフィア市においても学校と地域のパートナーシップを求める動きがあり，いくつかの組織が設立された。

1984年，人文科学関連科目のカリキュラム開発とそれを実践する教師の研修プログラムの開発を目的としてPATHS（Philadelphia Alliance for the Teaching of Humanities in the Schools）が，また翌85年，自然科学関連科目を対象に同様な目的でPRISM（Philadelphia Renaissance in Science and Mathematics）が設立された。そして1987年，フィラデルフィア市教育長クレイトン（C. Clayton）の主導のもとこの2つの組織は合併し，PATHS/PRISM：The Philadelphia Partnership for education という名称にて活動した。

PATHS/PRISMはカリキュラム開発と教師の職能開発，さらに学校改革活動を主に小・中学校をターゲットにして実践してきたのであるが，それらの活動を効果的に展開するためにはどうしても小・中・高校の連携が必要であった[26]。

一方，高等学校の改革を目的として1988年に設立されたフィラデルフィア学校連合（Philadelphia Schools Collaborative）では，高校改革は高校単独の問題ではなく小学校及び中学校と連動するものであり，小・中学校との連携の必要性を痛感していた。

こうして1995年3月，2つの組織は合併し，新組織「フィラデルフィア教

育基金」(Philadelphia Education Fund = PEF) が誕生する。基金の新理事長には，PATHS/PRISM 理事長のペイン (D. Payne) が就任した[27]。

　PEF の使命，任務 (mission) は，端的には学校教育の内容，方法を改善しフィラデルフィア市の公教育の質を高めることである。そして，この使命を達成するために2つの広範な戦略を採用する。第1は，カリキュラムと教育を充実させるために，また効果的な教育実践モデルを作りあげるために技術的な支援と教師中心の職能開発を提供すること，第2に，公教育への支援を高め，子ども，家庭，社会を強化する学校を創造するために，フィラデルフィア学区，保護者，地域住民，企業，組合，高等教育等との間にパートナーシップを構築することである[28]。

　ところで，PEF を管理運営するのは PEF 理事会であるが，理事会はフィラデルフィア学区，市行政府，企業，財団，基金，大学，教員組合，教育関連団体，教師，一般市民等，地域の諸機関・団体の代表者25名より構成されている[29]。

　PEF の活動のための資金は，アンネンバーグ財団 (Annenberg Foundation)，デウィット・ワレイス-リーダーズ・ダイジェスト基金 (DeWitt Wallace-Reader's Digest Fund)，ピュー・チャリタブル・トラスト (Pew Charitable Trusts)，ウイリアム・ペン財団 (William Penn Foundation)，連邦教育省，フィラデルフィア学区等によって支援されている。

　PEF の財政状況 (1995-96年) は，次のようになっている[30]。

収入

私企業及び財団	$ 4,127,000　(50%)
連邦機関	$ 1,824,000　(22%)
請負収入（フィラデルフィア学区）[31]	$ 2,199,000　(27%)
その他	$ 101,000　 (1%)
合計	$ 8,251,000

第6章 教育のための非営利組織（NPO）

支出

技術的援助	$2,596,000	（31%）
研究・コンサルティング	$1,104,000	（13%）
教師への報酬	$1,428,000	（17%）
奨学金	$155,000	（1%）
プログラム助成金	$1,527,000	（19%）
事務用品・器機・通信費	$435,000	（5%）
会合費	$532,000	（6%）
その他の支援	$158,000	（2%）
運営全般	$316,000	（4%）
合計	$8,251,000	

(2) フィラデルフィア教育基金（PEF）の活動

フィラデルフィア教育基金（PEF）の主な活動は，その前組織 PATHS/PRISM，フィラデルフィア学校連合の活動を受け継ぎ，以下の6点に整理される[32]。

- 生徒の学力向上を目的とした新カリキュラムと学力標準を開発するために，フィラデルフィア学区へ技術的及び理論的支援を提供すること。
- フィラデルフィア学区の22の総合制高校（comprehensive high school）を，生徒数200～400名からなる小規模の「学校の中の学校」（schools-within-schools）に再編する高校再建にイニシアティブを発揮すること。
- 以下に特徴づけられるミドル・スクール（第6-8学年）を創造するために，フィラデルフィア学区を支援する。① 多様にグルーピングされた生徒が主要教科の教師を共有する小規模のスクール・チームあるいはハウス（houses），② 教師間におけるより活発な交流，③ 職能成長のための学習

機会の増加[33]
- 教職員の学習機会を提供するために，フィラデルフィア学区の組織・団体等を支援すること。
- フィラデルフィア学区の教師と全国の学校改革グループ，教育専門家との連携を確立すること。
- フィラデルフィア学区の卒業生の多くが大学に進学できるようにするために，大学と高校のパートナーシップを創造すること。

ところでPEFは，改革を計画し実施する際フィラデルフィア学区と密接に連絡を取りながら活動し，また教員組合とも協力する。そして学区や組合に対しては，内部組織あるいは外部組織として位置付けられる。学区とともに活動する，学区や組合のリーダーを理事会に含むという意味においては内部組織であり，また独立の非営利団体として，諸資源を供給し運営するという意味では外部組織である[34]。

PEFは，資源の提供者，開発者，斡旋者，会議の招集者，変革の促進者，触媒，友好的な批判者，改革機関，実験者，政策変革の提唱者等，そのプロジェクトにより様々な役割を演じる。PEFでは，学区や組合に対する姿勢として「批判的な友人」，「友好的な批判者」という用語がよく使用されるが，資源提供者や促進者という役割よりも，必要に応じて学区や組合に対して意見する役割を担う。PEFは，単なる無批判のなれ合いの支援者になることを極力避けている[35]。

また，PEFはより効果的な教育を達成するために学校を改善する活動を展開するが，そのターゲットは教師である。PEFは，教師によって企画され開催される研究集会，セミナー，また出版活動等を支援するために資金を提供する。一方教師は，プロジェクトのスタッフ，促進者，リーダーとして，また助成金選考委員やプロジェクトの諮問委員として協力したり様々な形態でPEF

にかかわる。そして，学校と地域の教育及び文化施設・団体と連携協力する活動を促進している(36)。

具体的なプログラム（1992-1996年）は，以下のとおりである。なお，（　）内は実施の期間及び提供された基金の合計額である。

After School Arts（9/94-6/97　$240,000）
● 放課後の芸術体験を提供するために学校の条件整備をする。

Algebra Transition Project（7/95-8/95　$48,228）
● 代数学と上級数学を習得する生徒の数を増やす。

AmeriCorps/Project FIRST（9/95-9/96　$266,552）
● 教師，生徒，地域住民のコンピュータ技能を改善する。

Arts Empower（9/92-6/98　$535,000）
● すべてのカリキュラム領域に芸術を統合することを支援する。
● 芸術の役割の拡大，多文化教育，教科横断のテーマ学習，ポートフォリオ評価を目的とした集中的職能開発を提供する。

The College Access Program & Philadelphia Scholars Fund（1990-99　$1,0431,558）
● 生徒が中等後教育を受けることができるようにするために，学力向上，情報，動機付けプログラムを提供する。
● 生徒が大学に入学する機会を多くする。

Developing Leadership for the Future（10/95-10/98　$ 1,633,000）
- 生徒中心の，標準を指向したクラスを理解し支援するために，リーダーシップ能力と職能の開発をとおして管理職，教職員，生徒，保護者の能力を高める。

Documentation and Communication（10/95-10/98　$ 1,284,000）
- 学校，地域社会，学区の事務局，そしてフィラデルフィア教育基金（PEF）のプログラム参加者へのニュース・レター，レポート，会合をとおしてコミュニケーションをはかる。
- 3年間にわたる5つの中学校での改革による生徒変容を研究する。
- 3年間にわたる学区の高校改革の成果を研究する。

Leadership Development（7/95-8/95　$ 44,600）
- 校長と学校群のリーダーを対象とする研修を企画立案し実施する。

Library Power（10/94-10/97　$ 1,200,000）
- カリキュラムを統合し，生徒と教師にアクセスしやすくする，そして学際的教授と学習のモデルとなるライブラリー・プログラムを創設する。

New Academic Standards（10/95-10/98　$ 2,791,000）
- フィラデルフィア学区の学力標準と教科横断的な能力の開発を支援する。

North Philadelphia Community Compact for College Access and Success（7/93-6/96　$ 546,190）
- 生徒の学力を向上させ，大学への進学と大学での留年を改善する。

第 6 章　教育のための非営利組織（NPO）

- 学校，大学，地域の諸機関団体の協働を支援し強化する。
- 学校改革におけるパートナー（大学・学校・地域）に従事することに焦点付けた夏期活動。

Philadelphia PATHWAYS（7/95-9/95　$ 907,679）
- 生徒にサマー・スクールを提供する。
- 読み，書き，計算（代数学への移行）を強調する実験学校の第 8，9 学年を担当する教師の職能開発を提供する。

Small Learning Community Development（7/95-9/95　$ 13,895）
- 12 の新しい高等学校（スモール・ラーニング・コミュニティ，Small Learning Community = SLC）の教師へ職能開発と技術的支援を提供する。

Small Learning Community Summer Institute（7/95-9/95　$ 646,645）
- 6 つの学校群における教師，管理職，保護者を対象にした SLC のための 8 日間の夏期研修を提供する。

Standards-based Technical Assistance（9/94-10/97　$ 327,677）
- 第 12 学年修了の標準の開発を支援する。
- 標準に基づいた教育，そして学力標準の開発について学習を開始する。
- 学校への資源として標準的な教材を学区規模で提供する。

Students at the Center-Summer Planning Institute（3/95-9/95　$ 40,796）
- 4 つのパートナー組織とともに 4 年間の「スチューデント・アツ・ザ・センター」（Students at the Center）活動を計画するために，教師ティーム，

管理職,保護者を対象とする研修を提供する。

Students at the Center Initiative (3/96-3/00 $3,050,000)
- 生徒の問題解決能力,批判思考力を伸ばすために,集中的職能開発をとおして教師の力量を高める。

Teacher Leadership Network Institutes (7/95-9/95 $193,711)
- 数学・理科リーダーシップ会議(Math Science Leadership Congress),ファミリー・グループ(Family Group),フィラデルフィア書き方プロジェクト(Philadelphia Writing Project),フォクスファイアー口述歴史ネットワーク(Foxfire Oral History Networks)と連携した夏期研修をとおして,教師リーダーの開発を提供する。

Translating Standards into Teaching and Learning (10/95-10/98 $3,117,000)
- 教室における教育と評価を変える。それは,標準を志向し達成度を中心に営まれる。技術的支援や職能開発への援助をとおして,生徒中心のクラスルーム実践を行う。

Urban Systemic Initiative in Math, Science and Technology (1/96-6/96 $40,000)
- 調査と分析をとおして,生徒と教師の数学と理科における要望を明らかにする。

以上20のプログラムを簡単に紹介してきたが,これらのプログラムの中か

ら特に中心的な3つのプログラム，フィラデルフィア市の高校生へ高等教育を促進する「カレッジ・アクセス・プログラム／フィラデルフィア・スカラー基金」(The College Access Program and Philadelphia Scholars Fund)，学校図書館を教育と学習のセンターとして活性化していく「ライブラリー・パワー」(Library Power)，教師の力量形成を促進する「スチューデンツ・アツ・ザ・センター」(Students at the Center)を，プログラムの必要性，基本的見解，戦略と成果という観点から詳しくみていく。

(3) カレッジ・アクセス・プログラム／フィラデルフィア・スカラー基金 (The College Access Program and Philadelphia Scholars Fund)，ライブラリー・パワー (Library Power)，スチューデンツ・アツ・ザ・センター (Students at the Center)

カレッジ・アクセス・プログラム／フィラデルフィア・スカラー基金 (The College Access Program and Philadelphia Scholars Fund)[37]

プログラムの必要性

高卒の生徒がもし大学を卒業するならば収入は約70％増加する，という調査結果がある。しかし実際，フィラデルフィア市のほとんどの公立高校が，生徒の高卒後の教育を継続させるために必要なガイダンスと支援を提供するに十分な資源を持たない。

基本的見解

フィラデルフィア市のすべての公立高校生は，大学進学へ備えるための，そして進学するための資金を獲得するためのステップに関する情報と教育を受けるべきである。

カレッジ・アクセス・プログラムは，フィラデルフィア市で最も大きなかつ広範な大学支援プログラムであり，中学校の初期段階から高校まで継続して生徒に大学について教える。3カ所のカレッジ・アクセス・センターと同様に，

9つの中学校，13の高校で，数千名の生徒を対象に大学に関する助言サービス，進学準備ワークショップ，標準テスト準備，特別授業プログラム等を提供する。

フィラデルフィア学区，高等教育機関，地域の諸機関・団体，企業等とパートナーシップという関係において活動し，当プログラムは各学校が総合的な大学支援サービスを提供することができるよう支援する。目標は，すべての意欲ある公立高校の卒業生に大学教育の夢を実現させることである。

カレッジ・アクセス・プログラムの奨学金部門である，フィラデルフィア・スカラー基金は，大学進学するフィラデルフィア市の高校卒業生へラスト・ドラー・スカラシップ（Last Dollar Scholarships）を提供する。500万ドル以上の基金から，一連の財政援助でカバーしきれない大学での出費を援助する。需要は多く，3人に1人がもらうことのできる唯一の奨学金である。目標は，1年に1000人程の生徒が大学に行くことを支援し，そしてかれらの卒業を支援する継続的なガイダンスを提供するために1500万ドルにプログラム基金を増額することである。

戦略と成果

- 大学に入学する生徒の増加：プログラムの7年間において，大学入学許可率はこのプログラムのサービスを受けている高校で40%程増加した。
- 3万人以上の生徒と保護者にカレッジ・ガイダンスを提供する。
- 財政援助と大学志願のワークショップ，大学訪問，SAT準備コース，「教育特別プログラム・ガイド」（Guide to Academic Enrichment Programs）や「カレッジ・プランナー」（College Planner）のようなカレッジ・アクセスの出版物の配布等，学校と地域社会に基礎をおいた広範なサービスを提供する。
- 教師，管理職，カウンセラーのネットワークをとおして，学校の基礎教育

第6章 教育のための非営利組織（NPO）

プログラムの中に大学準備教育を統合するために活動する。
- 学校の壁を越えた活動：1996年，1万人以上の生徒と保護者がカレッジ・アクセス・センターを訪問した。センターのスタッフは，約1万2000件の電話問合せに応対した。また，数千名の生徒がこのプログラムのカレッジ・キャリア・フェア（college and career fairs）に参加した。
- 最終学年を卒業させるための約100万ドルに達する奨学金を管理運営するために，地域の13の大学とペンシルベニア州高等教育機構（Pennsylvania State System of Higher Education）と協働する。
- 大学を目指す生徒の支援：1996年，連邦政府より資金援助されるカレッジ・アクセス・プログラムの学校に基づいた「才能開発」（Talent Search）プロジェクトの2250名の生徒のうち，98％が大学入学を希望したし，最上級生の81％は秋期に大学に入学した。
- 1990年のフィラデルフィア・スカラー基金設立以来，502のラスト・ドラー・スカラシップを提供した。1997年，$250から$3,000の範囲で支給されるラスト・ドラー・スカラシップは，222名の高校生が53の大学に入学することを可能にしている。

ライブラリー・パワー（Library Power）[38]
プログラムの必要性

学校図書館は，重要な知的及び専門的資源としてサービスすべきである。しかしながら，財政的危機と無視によって，多くのフィラデルフィア市の学校図書館は適切なあるいは機能的な図書館になっていない。

基本的見解

ライブラリー・パワーをもつ学校は，協働的な教育と学習の活気あるセンターをもっている。そして，図書館員は教育に広範なより影響力のある役割を

演じる。ライブラリー・パワー図書館は，よく整備された生徒中心のものである。個々の生徒，グループ，クラス全体は，図書館を探究や他の学習活動に利用する。独立のチェックアウト・システムは本の貸し出しの手続きを容易にする。コレクションは，最近のクラスの授業計画にマッチしている。またライブラリー・パワー図書館は，地域の住民，グループと密接に活動する。

戦略と成果

- 1994年以来，30の小学校と中学校の図書館を再活性化した。
- 専任の学校図書館員を雇うために，学区予算に＄1,075,000てこ入れした。
- 1994年以来，学校図書館を一新したり修復したりするために＄123,000以上投資した。
- クラスのカリキュラムを支援する2万冊以上の著書とソフトウェア等を備え付ける。
- 専任の図書館員を，カリキュラム立案の支援，探究過程における教師と生徒のトレーニング，学校プロジェクトにおける生徒の支援等によって，教育のパートナーとなることを促進する。
- 図書館員，教師，管理職の職能開発を提供する。
- 学校の知的及び技術的な核である学校図書館を創造する。
- マザリード／ファザリード・プログラム（MotheRead/FatheRead Program）をとおして保護者の参加を促す。

スチューデンツ・アツ・ザ・センター（Students at the Center）[39]

プログラムの必要性

学習は，複雑なそして発展していくプロセスである。教師は他者との協働の中で彼らの技能を開発し，実践する機会を必要としている。彼らは，生徒が「21世紀に求められる新しい基礎技能」――問題解決力，批判分析力，高度な

第6章　教育のための非営利組織（NPO）

論理的思考——を伸ばすような教育方法とクラス経営を学ぶ必要がある。
　基本的な見解
　スチューデンツ・アツ・ザ・センターは，教師に同僚及び他の学校関連機関の教職員から学習する機会を与える。それは，ビーバー・カレッジ（Beaver College），フランクリン・インスティテュート（Franklin Institute），ペンシルベニア大学におけるフィラデルフィア書き方プロジェクト（Philadelphia Writing Project at the University of Pennsylvania），フィラデルフィア学区との協働プログラムである。夏期プログラム，教師ネットワーク，他の職能開発の機会をとおして，本プログラムは，生徒中心の，そして教師が援助するようなクラス——そこでは，生徒は活動的であり学習に積極的にかかわる，また高いレベルの成績を達成する——を創造することを支援する。
　戦略と成果
- 教師の優秀性の促進：過去2年間にわたり当プログラムは，学校における活動を調整し，またスチューデンツ・アツ・ザ・センターの原理と戦略をどのように職能開発に組み込むかを討論するために，フィラデルフィア学区の教授学習のネットワーク（Teaching and Learning Network）とともに活動した。
- 教師教育の新しい機会の創造：グラッツ・キング学校群（Gratz and King Clusters）の500名以上の教師，保護者，管理職がワークショップや研修に参加した。
- 革新的なアイデアを実施するための資金を提供：19の学校が生徒中心のアプローチ（student-centered approaches）を実践するために助成金を受領した。
- 2つの学校群の32の学校で，生徒が「なす事によって学習する」（learn by doing）ことを支援する。

- 教師―大学のパートナーシップを促進する。
- 教師の研究組織を構築する。

(4) 今後の課題

これまで，フィラデルフィア教育基金（PEF）の運営，プログラム及びその成果等を述べてきたが，最後にPEFと他の機関・団体との関係について考察してみたい。

PEFは，地域の機関・団体により構成されており，またその活動自体もすべての学校を含み，制度的，政策的な問題にかかわらざるを得なくなっている。そうした中で，プログラムの創設及びその遂行において，特に教育長，学区，教員組合等とのより良い関係を維持することが求められている。

活動領域に関する主導権争い，改革やその手続きに関する見解の相違，意思の疎通のなさ等によりその関係に軋轢が生じる場合がある。しかし，過度の軋轢が生じることによってPEFが意味のある存在という認識が薄れた場合，教育改革においてPEFの存在意義自体が問われる。そのために教育長，学区，教員組合等とより効果的な関係を保つ必要がある。

ユジーム（E. L. Useem）は以下の条件がそろっているとき，PEFは最大限効果的な存在となり得るとしている[40]。

- 教育長が，PEFや他のパートナーとともに活動することを促進し支援する。
- パートナーシップに対する目に見える強力な支援が，PEF理事会への積極的な参加あるいは他の協働グループをとおして政界のリーダーや企業界から明確である。
- PEFのスタッフが，高い交渉能力及び連携構築能力を持つ。
- PEFが，教師，学校，教師や学校のネットワーク，地域の諸団体等と直接的なプログラムをとおして結びつきを持つ。これらのコネクションは，政治

第6章 教育のための非営利組織（NPO）

的変化が学区環境に及ぼす影響を受けにくくする。

具体的には，次のようなことが留意されねばならない[41]。

まず，見解の相違はありながらも，それに対して学区，教師，あるいは組合を公然と非難しないことである。もし批判があるならば，広範な代表者からなる専門部会を設置し，そこで問題を検討する等の方法が考えられよう。学区が直面している問題に良く耳を傾けることであり，共感的であること。

また，学区をはじめとして教育関連の機関・団体と定期的にコミュニケーションをとり建設的な意見交換をする。その際，相手の運営スタイルやパーソナリティーに配慮したPEFの発言，行動をとっていく。これは，異なる組織体の対等平等，相互利益の関係を意味するパートナーシップの大原則である[42]。

さらに，PEFが社会的に有能な（socially intelligent）執行責任者を有し[43]，企業や地域の諸機関・団体のリーダー，活動において評価の高い人物，さらに資金収集力のある人物を理事会のメンバーに含むとき，学区とより良い位置関係で仕事をすることができる。このような影響力の強い理事会は，教育長が産業界や地域のリーダーと緊密なコミュニケーションをとることを可能にする。

そしてPEFには，プログラムの評価を実施しその成果を公表し，プログラムの修正，継続を検討していくという，着実かつ誠実な姿勢が大切である。こうした態度は，企業や地域の諸機関・団体の支援及び参加，学区，学校や教師の支持，参加，さらには資金の安定的な確保を促す。

以上，PEFの側面から課題をいくつか述べたが，一方で学区には，学校の教育成果を示し解決していかなければならない問題等課題を明らかにし，より効果的な教育が展開されるよう，絶えず改革努力をしていくという姿勢や態度が要求されるのである[44]。

第3節　最近のフィラデルフィア教育基金（PEF）の組織と活動

　フィラデルフィア教育基金（Philadelphia Education Fund = PEF）は1995年設立であるが，設立当初の主な活動は，その前組織PATHS/PRISMとフィラデルフィア学校連合（Philadelphia Schools Collaborative）の活動を受け継いだものであった[45]。設立当初の活動内容は第2節に明らかにしているが，そこでは実施の期間は1995年を中心にして1990年から2000年にわたるプログラムが説明されている。

　では，設立から5年以上経過した2001年以降のPEFはどのように変化しているのであろうか。そこで本節では，2002,03,04年の資料を中心にしてPEFの組織と運営及び活動を明らかにし，最近の動向と課題を探っていく。

(1)　フィラデルフィア教育基金（PEF）の組織と運営

　アメリカにおいて1980年代半ば以降，学校と地域社会のパートナーシップが頻繁に登場してくるのであるが，そのはしりは1970年代後半から1980年にかけて登場してくる都市部の学校の支援を目的とした官民パートナーシップ（public-private partnership）にみることができる[46]。

　こうした中，フィラデルフィア市においても学校と地域のパートナーシップとして教育のための官民パートナーシップがいくつか設立された。

　それらの1つが，1984年設立の人文科学関連科目のカリキュラム開発と教師の研修プログラムの開発を目的としたPATHS（Philadelphia Alliance for the Teaching of Humanities in the Schools）であり，また翌85年設立の自然科学関連科目を対象に同様な目的をもったPRISM（Philadelphia Renaissance in Science and Mathematics）である。そして1987年，人文科学と自然科学科目の

第6章　教育のための非営利組織（NPO）

カリキュラム開発と教師の研修プログラム開発を統合してやるべくこれら2つの組織は合併し、PATHS/PRISM: The Philadelphia Partnership for Educationとなった[47]。

ところで、PATHS/PRISMの活動の中心は主に小・中学校（elementary school, middle school）であったが、高等学校（high school）の改革を目的として1988年にフィラデルフィア学校連合（Philadelphia Schools Collaborative）が設立された。しかしながら、カリキュラム開発、教師の研修プログラムの開発、高校改革等これらの改革は、小学校、中学校、高等学校単独の問題ではなくそれぞれが連動しており、小・中・高校連携しつつ展開していく方が効果的なのである。

こうして1995年3月、PATHS/PRISMとフィラデルフィア学校連合2つの組織は合併し、新組織「フィラデルフィア教育基金」（Philadelphia Education Fund = PEF）となり今日に至っている[48]。

2001年以降PEFは、自らの使命、任務（mission）を、「独立の非営利組織（nonprofit organization）としてフィラデルフィア学区の恵まれない環境にいる若者に対する公教育の質を改善することを支援する」と明確に述べている。実際、フィラデルフィア学区の公立学校はPEFを通してこうした生徒の教育を高めるための重要なガイダンスと支援を受けているのである。PEFは設立以来、生徒への直接サービス、教師及び校長への職能開発の機会を提供し、また組織的な政策変革を支援してきた。さらに、重要な問題の調査研究を実施し、一方で一般市民が学校改革に参加する機会を増やしてきた[49]。

具体的な活動内容は後述するが、次の5領域に基づいて学区に対して支援を提供している。① 生徒への直接サービス、② 教育の再設計、③ 全学校改革、④ 市民の参加、⑤ 独立の研究。

ところで、PEFの最終的な意思決定機関である理事会の構成は以下のよう

になっている (2003/04)[50]。氏名，職名，所属の順に記している。

PEF 理事会メンバー (2003-04)

Chair
① Helen Cunningham
　Executive Director
　Samuels S. Fels Fund

Member
② Lynne Z. Gold-Bikin
　Partner
　Wolf, Block, Schorr & Solis-Cohen
③ J. William Jones
　Public Relations Consultant
④ William Marrazzo
　President
　WHYY Public Television/Radio
⑤ Diane Melley
　Corporate Community Relations Executive
　IBM Corporation
⑥ Delbert Payne
　Retired
　Rohm & Haas
⑦ Marsha Prybutok
　Librarian
　School District of Philadelphia
⑧ Susan Rock
　Director of Special Events
　Temple University Health System
　Department of Communications and External Affairs
⑨ Andrew M. Rouse
　Retired
　Civic Leader & Retired Business Executive
⑩ Armita Sims
　Independent Consultant
⑪ The Honorable Gregory Smith
　Philadelphia Court of Common Pleas
⑫ Mayor John F. Street
　Mayor
　City of Philadelphia

Ex-Officio
⑬ Paul Vallas
　Chief Executive Officer
　School District of Philadelphia

PATHS/PRISM とフィラデルフィア学校連合2つの組織が合併し，新しく

第6章 教育のための非営利組織（NPO）

PEFが誕生した1995年に比べたら理事数は13名と少なくなっているが，その構成は，フィラデルフィア学区，市行政府，企業，財団，基金，大学，有識者等地域の諸機関・団体の代表者より構成されている。

そして，具体的なプログラムにおいてそれぞれに諮問委員会（advisory board committee）が設置され，その委員会に多様な地域の諸機関・団体の代表者がメンバーとして参加し意見や助言を述べる。実際の活動は，PEFのスタッフによる各プログラム責任者（director）とコーディネーター（coordinator）を中心に展開される[51]。

PEFの財政状況は次のようになっているが，総額 $12,418,648 で運営されている（2002-03）。なお収入の①請負収入とは，フィラデルフィア学区よりアウト・ソーシング（out-sourcing）として職能開発やカリキュラム開発の幾つかを請け負っていることによる収入である。

収入（主な出所とその額）
①請負収入（$6,398,152），②私財団と個人寄付（$3,638,907），③投資収入（$1,413,367），④連邦政府機関（$874,479），⑤その他（$93,743）。

支出（主な支出とその額）
①職能開発（$5,127,208），②生徒への直接サービス（$2,900,218），③管理運営全般（$1,490,862），④フィラデルフィア・スカラーズ（Philadelphia Scholars）の奨学金（$557,328），⑤研究・評価・諸連絡（$168,642），⑥学校と地域のパートナーシップ（$112,930）等。

(2) フィラデルフィア教育基金（PEF）の活動

先に述べたとおり，PEFの活動は，「生徒への直接サービス」「教育の再設

計」「全学校改革」「市民の参加」「独立の研究」に分けられる。それぞれについて詳しくみていこう(52)。

生徒への直接サービス

GEAR UP（Gaining Early Awareness and Readiness for Undergraduate Programs）

GEAR UP は，連邦教育省により主導されたプログラムである。その目的は，フィラデルフィア学区の 28 の中学校（middle school）と高校（high school）に対して大学への意識を高め準備をすることである。GEAR UP は，生徒が中等後教育を受けることができるために彼らが必要とする知識と資源を提供する。そのために，特に大学準備科目担当の教師の指導力向上を図り，補助指導員（Adjunct Coach）の採用や教員研修を実施している(53)。

カレッジ・アクセス・プログラム（The College Access Program）

カレッジ・アクセス・プログラムは，フィラデルフィア学区の 21 の中学校と高校で実施されている。PEF のプログラム・コーディネーターは毎年約 3000 名の生徒に大学への意識と準備のためのサービスを提供する。特に，少数民族や低所得家庭の子どもの学力向上や大学入学を促進している。2002-03 年には 600 名以上の生徒に土曜日の SAT 準備教育を提供した。また，学校に基礎をおいた市規模の大学フェア（college fair）を主催している。ちなみに，毎年 8000 人以上の生徒の相談に対応する 3 つの地域を拠点にしたセンター（community-based center）も管理する。

フィラデルフィア・スカラーズ（The Philadelphia Scholars）

フィラデルフィア・スカラーズは，カレッジ・アクセス・プログラムの奨学金部門であるが，フィラデルフィア学区の総合制高校の生徒に毎年ラスト・ドラー・スカラーシップ（Last Dollar Scholarship）を提供している。それは 1 人

第 6 章　教育のための非営利組織（NPO）

あたり＄200 ～＄3,000 の範囲で支給される。2002/03 年度では，大学奨学金として 14 の高校の 255 名以上の生徒を対象に総額＄557,328 提供した。

教育の再設計
少人数学級／総合リテラシー・プログラム（The Reduced Class Size/ Comprehensive Literacy Program）

　少人数学級／総合リテラシー・プログラムは，フィラデルフィア学区とPEF の協働事業として 1999/2000 年度に発足した。本プログラムは，教師 1 人あたりの生徒数を 15 人に減じることによって小学校低学年の読み書き能力を高める，そして学区の教師不足の問題の緩和を支援し新採教師を採用また保持するために立ち上げられた。リテラシー・インターン教師（Literacy Intern Teachers = LITS）——教員免許のない大学卒業生——と免許を有する K-3 学年教師と一緒に活動してもらい，臨時の教員免許（emergency certification）において大学卒業生のための 6 単位を彼らに提供する。1999 年 9 月以来，PEF は 2000 名以上のリテラシー・インターン教師（LITS）を学区に配置し，その内 400 名以上のリテラシー・インターン教師が免許を有する小学校教員になった。2003 年 9 月においては，K-8 学年の欠員教師の 46％ がリテラシー・インターン教師によって補充された。

　教職への転職プログラム（The Transition to Teaching Program = TTT）

　教職への転職プログラムは，高い素質を持つが教員免許を持たない大学卒業生及び中途転職者に教員免許を取得させるための代替ルートを提供する目的で連邦政府により資金援助されているプログラムである。当プログラムは，2001 年より開始された。当プログラムの見習い教師（apprentice teacher）は，連携している大学で教員免許を取得するための財政的支援及び専門的支援（例えば，退職した教師による授業の指導等）を受ける。現在 33 人の数学と理科の見習い

教師が，フィラデルフィア学区の27の中学校と高校で活躍している。

全学校改革

才能開発高校モデル（The Talent Development High School Model）

才能開発高校モデルは，1994年にジョンズ・ホプキンス大学（Johns Hopkins University）で考案されたのであるが，1999年そのモデルはPEFとのパートナーシップにおいてフィラデルフィア学区に採用された。5つの総合制高校（2004年から7校）が参加している。このモデルは，数学（mathematics）とリテラシー（literacy）における2回の授業コース，第9・10学年のサクセス・アカデミー（Success Academy）の創設による少人数の学習共同体（Small Learning Community），それに数学，英語，新入生セミナー担当教師を支援するための現場のカリキュラム・コーチ（on-cite curriculum coach）を含む。

ミドル・グレイド・マター・キャンペーン（The Middle Grades Matter Campaign = MGM）

MGMは学区全体としての成功を後押しする方法として，フィラデルフィア市の中学校段階（第6,7,8学年）の教育を向上させるために2003年発足した。MGMの調整委員会（MGM's Coordinating Committee）は月例の会合を開いて，第6,7,8学年をどのように支援していくか検討している。具体的には，第6,7,8学年を加えている小学校の校長と教師への研修，初めての第6,7,8学年会議，フィラデルフィア市保護者フォーラム（Parent Forum），MGMニュースレター等を含む[54]。

市民の参加

エデュケーション・ファースト・コンパクト（Education First Compact）

エデュケーション・ファースト・コンパクトは，企業，地域及び教育分野の

第6章　教育のための非営利組織（NPO）

リーダー約50名より構成されており，フィラデルフィア市の公立学校の改善を促進するために月例の会合を持っている。当コンパクトは，「現場に基づいた教師の選考」（site-based teacher selection）を推奨し，「現場に基づいた教師の選考」を採用する学校の数を増やすべく積極的に活動している[55]。そして，フィラデルフィア学区の校長にその問題に関する情報を提供し，「公教育ノート」（Public Education Notebook）にも全面広告を掲載した。また，保護者団体にその選考に参加するよう促し，他の主な学区ではどのように教員の選考をしているか調査した。その他，中等教育を改革するためのワークショップ（例えば標準カリキュラムや教師の資質能力，NCBL法の要求，小規模で自治的な高校に関するワークショップ）等，他の地域プロジェクトを主導している。

フィラデルフィア・フリーダム・スクール（Philadelphia Freedom Schools = PFS）

フィラデルフィア・フリーダム・スクールは児童保護基金（Children's Defense Fund）により設立された国家プログラムの一部であるが，恵まれない環境下にいる若者に対して地域を基礎にした学力向上と社会活動プログラムを提供する。PFSは地域の諸機関・団体により支援，運営されており，夏期6週間開催される。幾つかの地域スポンサーは，年間を通して放課後プログラムにその内容を組み込んでいる。10地域にそのプログラムがある。

独立の研究

PEFの研究チームは年間を通して多様な地域の研究プロジェクトを遂行している。2003年には，「リサーチ・フォー・アクション」（Research for Action）と共同研究を実施し，『ワンス・アンド・フォー・オール―フィラデルフィアのすべての教室に高度な資格を持った教師の配置―』（*Once & For All: Placing a Highly Qualified Teacher In Every Philadelphia Classroom*）を公刊した[56]。ま

た2003-04には，才能開発高校モデル（The Talent Development High School Model）の年間報告書の作成，学区における標準年齢を超えた第6,7,8学年生の実態調査，そして例えばNCLB法における中学校学年が直面している問題，新しいコア・カリキュラムの実施，クラスサイズ，職能開発等に関する資料収集を行った。

（3）フィラデルフィア教育基金（PEF）の動向と課題

フィラデルフィア教育基金（PEF）は，その母体のPATHS/PRISMとフィラデルフィア学校連合もそうであったように，官民パートナーシップとしてフィラデルフィア学区の教育改革を支援してきた。それは，単なる支援ではなく学区の教育政策の再吟味の役割も果たしてきた。その意味で，PEFは学区の内部・外部組織（inside/outside organization）である，と言われる[57]。そうした中で，PEFも設立から5年以上経過して，その組織及び活動も徐々に落ち着き整理されてきているように思われる。

PEF設立当初，PATHS/PRISMとフィラデルフィア学校連合2つの組織が合併したということもありその理事数は25名であったが，2003/04年では13名となっている。理事の構成に関しては，そのパートナーシップ組織の使命（mission）に照らし合わせてどのような機関・団体が適切か，またその数が検討されなくてはならない。過度に多くのメンバーでも問題があるし，また少な過ぎてもいけない。

グッドラード（J. I. Goodlad）は，個々のパートナーシップは地域社会の不可欠な諸要素を含み，また概念上または論理上操作し得る規模でなければならないとしている[58]。現理事は，フィラデルフィア学区，市行政府，企業，財団，基金，大学，有識者等，多様な地域の諸機関・団体の代表者より構成されているが，適切な規模であると思われる。PEFが誕生し新しい1つの組織として

活動していく中で，徐々に整理され現在の構成になっていったと思われる。

そして，理事数は減少してはいるが，実際のプログラムにおいて多様な地域の機関・団体が参加する諮問委員会（advisory board committee）を設置し，学校と地域の連携活動を促進している。

また，活動内容，プログラムも整理されてきている。合併当初は，前組織のPATHS/PRISM とフィラデルフィア学校連合のプログラムが混在していた感は否めないが，段々と明確な理念を持った1つの組織として，その活動内容も「生徒への直接サービス」「教育の再設計」「全学校改革」「市民の参加」「独立の研究」と構造化され焦点化されてきている。

そして，それぞれのプログラムにおいて着実に成果を上げてきている。例えば，才能開発高校モデル（The Talent Development High School Model）におい

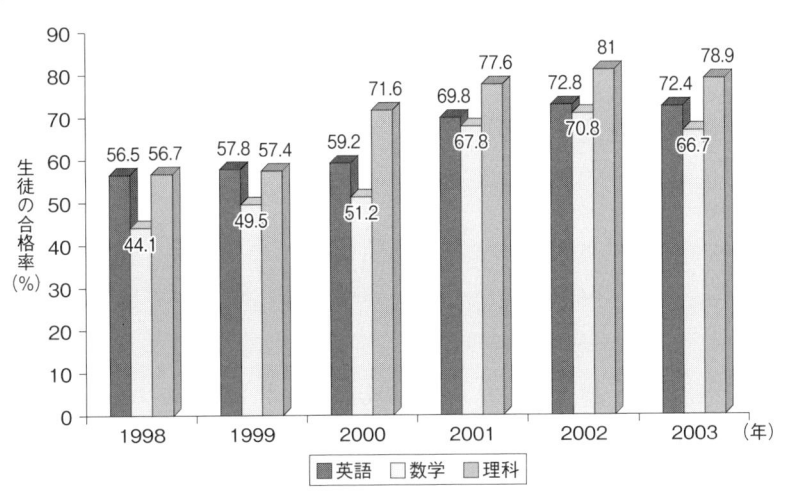

図6-1 サイモン・グラッツ（Simon Gratz）高校第9学年における主要教科の合格率（1998-2003）

年	英語	数学	理科
1998	56.5	44.1	56.7
1999	57.8	49.5	57.4
2000	59.2	51.2	71.6
2001	69.8	67.8	77.6
2002	72.8	70.8	81
2003	72.4	66.7	78.9

（出典）Philadelphia Education Fund. *2003 Annual Report: Making A Difference*. 2003, p. 9.

てはその成果を毎年報告しているが，SAT スコア，PSSA（Pennsylvania System of School Assessment）テストスコア，出席率，卒業率，主要科目の合格率，停学率，教師・生徒関係，学校風土等において明らかな改善が報告されている(59)。

例えば，サイモン・グラッツ（Simon Gratz）高校第9学年における主要教科の合格率の 1998 年から 2003 年までの推移は図 6-1 のとおりである(60)。

1998 年から 2003 年までをみてみると，2003 年は前年を若干下回っているものの，1998 年と比べると英語 15.9%，数学 22.6%，理科 22.2% 上昇していることが分かる。

また，フィラデルフィア・スカラーズ（The Philadelphia Scholars）プログラムのラスト・ドラー・スカラシップ（Last Dollar Scholarship）における総額を，本プログラムが開始された 1990-91 年から 2003-04 年までみてみると，以下の通りである(61)。

1990-91	$ 45,730	1997-98	$ 264,650
1991-92	$ 53,420	1998-99	$ 353,000
1992-93	$ 75,972	1999-2000	$ 378,000
1993-94	$ 106,458	2000-01	$ 380,205
1994-95	$ 124,856	2001-02	$ 433,000
1995-96	$ 155,250	2002-03	$ 557,328
1996-97	$ 182,000	2003-04	$ 600,000

その総額は年々増えつづけ，2003/04 年には本プログラムが開始された 1990/91 年 $ 45,730 の約 13 倍の $ 600,000 に達している。着実に実績を上げている。

このように，PEF のプログラムの成果を明らかにしそれを公表していく，

第6章 教育のための非営利組織（NPO）

そして改善していく，いわゆる P（Plan）→ D（Do）→ C（Check）→ A（Action）のサイクルにおいてより効果的なプログラムを開発し，実践していくことが大切である。そうすることにより，PEFに対する評価は高くなり安定した資金を確保することができる。PEF設立当初の1995/96年予算は＄8,251,000であったが，2002/03年は＄12,418,648，約1.5倍と確実に増えている。

ところでアメリカにおいて，2002年1月8日「落ちこぼしのない教育法」（No Child Left Behind Act = NCLB法）が成立した。NCLB法は，人種や社会的階層にかかわらずすべての子どもに学力を保証し学力の底上げを図る包括的な教育法であるが，学力向上に対して強くアカウンタビリティが求められ，州設定の学力基準を達成しない学校には，基準達成のための改善策が明確に求められる[62]。

PEFはNCLB法成立以前にも生徒の学力向上，特に都市部のマイノリティが多数を占める学校の学力向上のためのプログラムを実施してきた。しかしこれからは，フィラデルフィア学区の小・中・高校の学力向上がより強く求められるし，また一方で基準達成のための改善策として個人教授や放課後プログラム等があげられている。小・中・高校の学力向上に対して，また基準が達成されなかった学校に今後PEFがどのように関わっていくか問われよう。

ただそうした場合，NCBL法では「読解」（reading）と「数学」（mathematics）の学力テストによる評価が中心となるが，単に「読解」と「数学」のテスト得点のみの向上ではなくて，これからの社会に必要とされる問題解決能力，創造的思考力，協働していく能力等の育成をなおざりにしてはならない。多様な評価基準と多様な評価方法が求められるのである。フィラデルフィア学区に対する外部組織（outside organization）として，NCLB法におけるこうした学力問題にどのように対処していくのか。また一方で，学力問題と連動してNCLB

法では高い資質能力を持った教師の養成,研修,採用をあげているが,これから教師の職能開発プログラムをどのように展開していくのか[63]。これらは,PEFの今後の課題である[64]。

注

(1) Gross, T. L. *Partners in Education*. San Francisco: Jossey-Bass, 1988, pp. 4-5.
(2) Renyi, J. The Art and Humanities in American Education. *Phi Delta Kappan*, Feb. 1994, pp. 438-445.
(3) *The American Heritage Dictionary (3rd ed.)*. Boston: Houghton Mifflin, 1993.
(4) National Center for Education Statistics, Office of Educational Research and improvement, U. S. Department of Education. *Education Partnerships in Public Elementary and Secondary Schools*. Feb. 1989, p. 19.
(5) O'Neill, J. A. and Simms, M. C. Education. In J. L. Parmer and I. V. Sawhill (Eds.), *The Reagan Experiment*. Washington D. C.: The Urban Institute Press, 1982.
(6) Education Consolidation and Improvement Act of 1981. In Section 51, Subtitle D-Elementary and Secondary Education Block Grant, the Omnibus Budget reconciliation Act of 1981, *P. L. 97-35*, Aug. 13, 1981.
(7) Hill, T. S. *Education Consolidation and Improvement Act of 1981: Manual for Local Policy Makers and Administrations*. Washington D. C.: National School Boards Association, 1981, pp. 15-16.
(8) Peterson, G. E. The State and Local Sector. In J. L. Parmer and I.V.Sawhill (Eds.), *The Reagan Experiment*. Washington D. C.: The Urban Institute Press, 1982.
(9) Partnerships In Education for Mathematics, Science, and Engineering Act. In Section 301, Title III-National Science Foundation Program for Partnerships in Education for Mathematics, Science, and Engineering, Education for Economic Security Act, *P. L. 98-377*, Aug. 11, 1984.
(10) The National Commission on Excellence. *A Nation at Risk: The Imperative for Educational Reform*. 1983.（橋爪貞夫『危機に立つ国家―日本教育への挑戦―』黎明書房,1984年）
・Boyer, E. *High School: A Report on Secondary Education in America*. New York: Harper & Row, 1983.

第6章　教育のための非営利組織（NPO）

・Goodlad, J. I. *A Place Called School: Prospects for the Future.* New York: McGraw-Hill, 1984.
(11) Useem, E. L. and Neild, R. C. *A Place at the Table: The Changing Roll of Urban Public Education Fund.* Paper Presented at the Annual Meetings of the American Educational Research Association, New Orleans, Apr. 1994, p. 3.
(12) PATHS/PRISM. *By-Laws of PATHS/PRISM: The Philadelphia Partnership for education.* 1987.
(13) PATHS/PRISM. 1993 *Annual Report.* 1994, p. 16.
(14) PATHS/PRISM. *PATHS/PRISM: The Philadelphia Partnership for education 1994-95 Budget FYE6/30/95.* 1994.
(15) Useem and Neild, *op. cit.*, p. 3.
(16) *Ibid.*, p. 4.
(17) *Ibid.*, p. 5.
(18) PATHS/PRISM. *Summary of Staff Development Activities Provided by PATHS/PRISM: The Philadelphia Partnership for education Jul. 1991-Nov. 1992.* 1993.
(19) Useem, E. L. *Renewing Schools: A Report on the Cluster Initiative in Philadelphia.* PATHS/PRISM, 1994.
(20) PATHS/PRISM. *Summary of Staff Development Activities Provided by PATHS/PRISM: The Philadelphia Partnership for education Jul. 1991-Nov. 1992.* 1993.
(21) Goodlad, J. I. School-University Partnerships for Educational Renewal: Rational and Concepts. In K. A. Sirotnik and J. I. Goodlad (Eds.), *School-University Partnerships in Action: Concepts, Cases, and Concerns.* New York: Teachers College, Columbia University, 1988, p. 24.（中留武昭監訳『学校と大学のパートナーシップ―理論と実践』玉川大学出版部，1994年）
(22) Goodlad, J. I. *A Place Called School: Prospects for the Future.* New York: McGraw-Hill, 1984, p. 356.
(23) Useem and Neild, *op. cit.*, pp. 10-12.
(24) Goodlad, J. I. School-University Partnerships for Educational Renewal: Rationale and Concepts. In K. A. Sirotnik and J. I. Goodlad (Eds.), *School-University Partnerships in Action: Concepts, Cases, and Concerns.* New York: Teachers College, Columbia University, 1988, pp. 28-29.
(25) Useem, E. L. *The Philadelphia Education Fund.* Paper Presented to Encuentros Case Study, Inter-American Foundation Conference, Oct. 20-25, 1996, p. 3.

例えば，フィラデルフィア市を含む近隣 5 郡 62 学区の内，生徒 1 人あたりの支出の最高はニュー・ホープ—ソールバリィ（New Hope-Solebury）学区 $ 10,475，最低はオックスフォード・エリア（Oxford Area）学区 $ 5,707 である。ちなみに，フィラデルフィア学区は 51 番目の $ 6,513 である（1991/92 年度）。(Ferrick, T. J. Jr., et. al. A District in Distress. *Philadelphia Inquirer*, Sunday, Oct. 23, 1994, p. G8)

(26) PATHS/PRISM の組織，運営，活動等については，拙稿「アメリカにおける学校と地域のパートナーシップ— PATHS/PRISM: The Philadelphia Partnership for Education を中心に—」(『日本教育経営学会紀要』第 38 号，1996 年，100-112 頁) に詳しい。

(27) Philadelphia Education Fund. *Philadelphia Education Fund Formed to Spur Reform of City's Public Schools*. Apr. 3, 1995.

(28) Useem, *op. cit.*, 1996, p. 2.

(29) The Philadelphia Education Fund. *Philadelphia Education Fund Annual Report 1995-1996*. 1996.

　　PEF 理事会のメンバー（1995-96 年）の氏名と所属は，以下のとおりである。

① Mr. Delbert Payne (Chairman)

（Manager, Corporate/Social Investments, Rohm and Haas Company）

② Mr. Floyd W. Alston

（President, Board of Education, School District of Philadelphia）

③ Mr. John Claypool

（Executive Director, Greater Philadelphia First）

④ Ms. Helen Cunningham

（Executive Director, Samuel S. Fels Fund）

⑤ Dr. Penelope Cutter

（Teacher, William Penn High School, School District of Philadelphia）

⑥ Dr. James England

（Provost, Temple University）

⑦ Dr. Susan Fuhrman

（Dean of Graduate School of Education, University of Pennsylvania）

⑧ Dr. Ira Harkavy

（Director, Center for Community Partnerships, University of Pennsylvania）

⑨ Mr. David Hornbeck

（Superintendent of Schools, School District of Philadelphia）

第6章　教育のための非営利組織（NPO）

⑩ Mrs. Linnie Jones
（President, Home & School Council, School District of Philadelphia）
⑪ Mr. J. William Jones
（Manager, Media Relations, PECO Energy Company）
⑫ Mr. Jack Steinberg
（Director of Educational Affairs, Philadelphia Federation of Teachers）
⑬ Mr. Coleman Lawson
（Vice President for Systems, CIGNA Corporation）
⑭ Mr. Daniel J. McGinley
（President, Commonwealth Association of School Administrators）
⑮ Mr. Emanuel Ortiz
（Deputy Mayor, City of Philadelphia）
⑯ Dr. Louis Padulo
（President and Chief Executive Officer, University City Science Center）
⑰ Mrs. Marsha Prybutok
（Librarian, Farrell Elementary School, School District of Philadelphia）
⑱ Mr. Gregory Rost
（Deputy Mayor for Policy and Planning, City of of Philadelphia）
⑲ Mr. Andrew M. Rouse
（Private Citizen）
⑳ Dr. Trevor Sewell
（Dean, College of Education, Temple University）
㉑ Ms. Armita B. Sims
（Cluster Leader, Overbrook Cluster, School District of Philadelphia）
㉒ Ms. Gail Tomlinson
（Executive Director, Citizens Committee on Public Education in Philadelphia）
㉓ Mr. Richard Torbert
（Vice President, Corporate Affairs, Mellon PSFS）
㉔ Ms. Martha Christine Wiggins
（Teaching & Learning Network Facilitator, Martin Luther King Cluster, School District of Philadelphia）
㉕ Dr. Richard E. Woodring
（Retired Professor of Engineering & Science, Drexel University）

(30) *Ibid.*
(31) PEF は，フィラデルフィア学区よりアウト・ソーシング（out-sourcing），民営化（privatizing）という形で職能開発やカリキュラム開発のいくつかを請け負っている。
(32) Useem, *op. cit.*, 1996, pp. 4-5.
(33) ハウス（houses）という名称は，ウェスト・フィラデルフィア改善組織（West Philadelphia Improvement Corps = WEPIC）において使用された。WEPIC の「ハウス」は，1989 年の「WEPIC 学校の中の学校」（WEPIC school-within-a school）のテーマとプロジェクトを基礎にして 1993 年秋に開始された。なお WEPIC に関しては，拙著『学校・地域・大学のパートナーシップ―ウェスト・フィラデルフィア改善組織（WEPIC）の事例研究』（学文社，2001 年）に詳述している。

　なお，フィラデルフィア学区の学校制度は，Elementary School（K-5th），Middle School（6th-8th），High School（9th-12th）となっている。
(34) Useem, *op. cit.*, 1996, pp. 6-7.
　フィラデルフィア学区の教員組合は，フィラデルフィア教員連盟（Philadelphia Federation Teachers = TEF）である。
(35) *Ibid.*, pp. 7-8.
　・Useem, E. L. *Maneuvering for Reform: How Local Education Funds Foster Change at Century's End*. A Preliminary Report to the Public Education Network, Ford Evaluation Initiative, Dec. 1997, p. 2.
(36) Useem, *op. cit.*, 1996, pp. 6-7.
(37) Philadelphia Education Fund. *The College Access Program and The Philadelphia Scholars*. 1997.
(38) Philadelphia Education Fund. *Library Power*. 1997.
　ライブラリー・パワーの活動や成果に関しては，以下の文献にも記されている。
　・Philadelphia Education Fund. *Change: Research and Policy Perspectives*, Vol. 4, No. 1, Jan. 1998.
　・Philadelphia Education Fund. *Library Power: A Report to the Community*. 1997.
(39) Philadelphia Education Fund. *Students at the Center*. 1997.
(40) Useem, *op. cit.*, 1996, pp. 12-13.
(41) Useem, *op. cit.*, 1997, p. 4.
(42) 筆者は，アメリカにおけるパートナーシップに関する文献を分析し，パートナーシップを「ある問題の解決を目指して，本来の目的，機能，組織，文化等が異なる集団（個人）が，プログラムの計画（Plan）→実践（Do）→評価（See）のサイク

ルに対等の関係において協働し利益を共有する関係である」と定義している。(拙著『学校・地域・大学のパートナーシップ―ウェスト・フィラデルフィア改善組織(WEPIC)の事例研究―』学文社，2001年，54頁)
(43) 執行責任者には，特に交渉能力，集団を組織化する能力，問題解決能力，さらにそれぞれの機関・団体に関する知識や理解を持っていることが望まれる。(Gross, T. L. *Partners in Education.* Jossey-Bass, 1988, p. 155)
(44) Useem, *op. cit.*, 1996, p. 13.
(45) *Ibid.*, pp. 4-5.
(46) Useem and Neild, *op. cit.*, Apr. 1994, p. 1.
(47) PATHS/PRISMについては，拙稿「アメリカにおける学校と地域のパートナーシップ― PATHS/PRISM: The Philadelphia Partnership for educationを中心に―」(『日本教育経営学会紀要』第38号，1996年)に詳しく述べている。
(48) 1991年，全国各地の45の地方教育基金(local education fund)は全国的な公教育基金のネットワーク(Public Education Fund Network = PEFNet)を組織した。本部はワシントンD. C.に置かれた。2005年現在，それは公教育ネットワーク(Public Education Network = PEN)として90の地方教育基金より構成されており，その中でPEFは最大組織の中の1つである。(Philadelphia Education Fund. Philadelphia Education Fund Ranks Third In Nation Among Public Education Funds And Foundations. http://philaedfund.org/press/index.htm, 05. 8. 12.)
(49) ・Philadelphia Education Fund. *About the Fund.* 2004.
　・Philadelphia Education Fund. About PEF. http://philaedfund.org/about/index.htm, 04. 12. 9.
(50) Philadelphia Education Fund. *Philadelphia Education Fund 2003-2004 Board of Directors.* 2003.
(51) 例えば，フィラデルフィア・スカラーズ(The Philadelphia Scholars)の諮問委員会のメンバー21名は以下のとおりである。(Philadelphia Education Fund. *The Philadelphia Scholars Advisory Board Committee Members 2004.* 2004)

The Philadelphia Scholars Advisory Board Committee Members 2004	
Chair	⑫ Ted Kirsch
① A. Morris Williams, Jr.	(Philadelphia Federation of Teachers)
(Williams & Company)	⑬ Morton M. Kligerman
Members	(Hospital of University of Penn)
② Floyd W. Alston	⑭ John B. Neff
③ Art Baldadian	(Wellington Management Company)
④ Suzanne Becker	⑮ Delbert Payne
⑤ Jenne K. Britell	⑯ David Pincus
⑥ Jarmain Bromell	(Pincus Brothers Maxwell)
⑦ Helen Cunningham	⑰ Pedro Ramos
(Samuel S. Fels Fund)	(University of Penn)
⑧ Ann Evans Guise	⑱ Evelyn & Mercer Redcross
⑨ Carol S. Fixman	(October Galleries)
(Philadelphia University)	⑲ Thomas G. Rice
⑩ Kenneth Gamble	⑳ Newbold Strong
(Philadelphia International Records)	(Smith Barney, Inc.)
⑪ Carole Haas Gravagno	㉑ Stanley C. Tuttleman
(Phoebe Haas Charitable Trust)	(Tuttsons Inc.)

　なお，PEFには理事会の決定事項を執行するためにリーダーシップ・チーム (Leadership Team) が配置されている。リーダーシップ・チームは，執行責任者のフィックスマン (Carol Fixman, Executive Director) を筆頭に，ブラウン (Andrea L. Brown, Director of Operations)，マルビヒル (Allie Mulvihill, Senior Program Director, Instructional Redesign)，アモス (Thomasennia Amos, Director, GEAR UP Initiative)，ライト (Janine Wright, Director, College Access Program)，アドーノ (Paul Adorno, Program Coordinator, Reduced Class Size/Balanced Literacy Program)，ロングショア (Shirley J. Longshore, Director, Development and Marketing)，ワイズ (Meg Wise, Director, Scholars and Civic Engagement) の8名より構成されている。(Philadelphia Education Fund. Leadership Team. http://philaedfund.org/bios/index.html, 05. 8. 10)

(52) ・Philadelphia Education Fund. *2003 Annual Report: Making A Difference*. 2003.
　　・Philadelphia Education Fund. *Philadelphia Education Fund: Work Portfolio February 2004*, 2004.

第 6 章　教育のための非営利組織（NPO）

　　・Philadelphia Education Fund. *Philadelphia Education Fund: Work Portfolio March 2004*, 2004.
　　・Philadelphia Education Fund. About PEF. http://philaedfund.org/about/index.htm, 04. 12. 9.
(53) 補助指導員とは，フィラデルフィア学区で指導的役割をして退職したマスター教師（master teacher）で，主に新採教師の指導を担当する。2003 年には，教職経験 1〜2 年の教師 125 名以上を対象に 11 人の補助指導員が採用された。
(54) フィラデルフィア学区では，中学校の大部分を K-8 学年の学習集団へと変革していく計画をしている。
(55)「現場に基づいた教師の選考」（site-based teacher selection）とは，マイノリティや貧困地域の学校に質の高い教師を確保するために，各学校で新任教師や欠員教師を選考するシステムである。2003 年の調査では，フィラデルフィア学区の校長の 61％が「現場に基づいた教師の選考」を最も必要な教育改革としている。(Neild, R. C., Useem, E., Travers, E. F., and Lesnick, J. *Once & For All: Placing a Highly Qualified Teacher In Every Philadelphia Classroom*. Reseach for Action, 2003, p. 42)
(56) Neild, R. C., Useem, E., Travers, E. F., and Lesnick, J. *Once & For All: Placing a Highly Qualified Teacher In Every Philadelphia Classroom*. Research for Action, 2003.
　　「リサーチ・フォー・アクション」（Research for Action）とは，1992 年以来フィラデルフィア市の学校教育に関する着実な研究を推進してきた，党派を超えた非営利団体である。
(57) Useem, *op. cit.*, 1996, p. 7.
(58) Goodlad, *op. cit.*, 1984, p. 356.
(59) 例えば以下の文献である。
　　・Philadelphia Education Fund. *The Talent Development High school: First-year Results of the Ninth Grade Success Academy in Two Philadelphia Schools 1999-2000*. 2000.
　　・Philadelphia Education Fund. *Philadelphia's Talent Development High schools: Second-year Results 2000-01*. 2001.
　　・Philadelphia Education Fund. *Year Three of the Talent Development High school Initiative In Philadelphia: Results from Five Schools 2001-2002*. 2002.
　　・Philadelphia Education Fund. *Year Four of the Talent Development High school*

Initiative In Philadelphia: Results from Five Schools 2002-2003. 2003.
(60) 才能開発学校5校の第9学年における英語，数学，理科の合格率はプログラム導入以来画期的な上昇を示しており，2003年には平均して16.9%上昇している．
(61) Philadelphia Education Fund. *2003 Annual Report: Making A Difference.* 2003, p. 18.
(62) No Child Left Behind Act. *P. L. 107-110,* Jan. 8, 2002.
　　　NCLB法に関しては以下の文献を参照されたい．
　　　・矢野裕俊「アメリカにおける学力問題―基準の設定とアカウンタビリティがもたらすもの―」（日本比較教育学会編『比較教育学研究』第29号，東信堂，2003年）
　　　・湯藤定宗・滝沢潤「アメリカの学校評価」（窪田眞二・木岡一明編著『学校評価のしくみをどう創るか』学陽書房，2004年）
　　　・拙稿「NCLB法における学力テストとアカウンタビリティ」（アメリカ教育学会編『アメリカ教育学会紀要』第16号，2005年）
(63) Title II-Preparing, Training, and Recruiting High Quality Teachers and Principals, No Child Left Behind Act. *P. L.107-110,* Jan. 8, 2002.
(64) PEFは，2001年秋州レベル及び学区レベルにおいてこのような問題を解決していくために州内の3つの地方教育基金，ランカスター教育強化財団（the Lancaster Foundation for Educational Enrichment），モンヴァレー教育協会（the Mon Valley Education Consortium），ピッツバーグ公教育協議会（the Pittsburgh Council on Public Education）と連合して，ペンシルベニア公教育パートナーシップ（Pennsylvania Public Education Partnership = PA PEP）を立ちあげた．
　　　さらに，20周年を迎えたPEFは「フィラデルフィア地域の恵まれない境遇にいる若者に対して教育成果を向上させるために活動する」と明確に述べ，以下の5つの活動方針を掲げている．(Philadelphia Education Fund. *Two Decades of Helping Children Excel: A Portrait of Success.* 2006.)
① 我々は，高い質の公教育を主導する．
② 我々は，教育問題を探究し，対話を活発にし，戦略と解決策を開発し勧告をしていくために諸集団（グループ）を招集する．
③ 我々は，すべての生徒が高い質の教育を受けることを保証するために各種のプログラム，学術的な支援，研究プロジェクトを創始する．
④ 我々は，新しい教育プログラムを支援し構築するために，政策に影響を与えるために，また一般市民に情報を提供するために研究成果と他のデータを分析する．
⑤ 我々は，学校をより効果的にしまた教育と学習のためのよりよい場所にするような情報と研究成果を広める．

資料1　PATHS/PRISM の『教師のための職能開発』
——抄訳とその考察

　効果的な教育を目指して，教育制度，教育内容，教育方法等の諸改革が実施される。しかし，それらがどのように変わろうと教育という営為は教師と子どもの関係の中で行われるのであり，その中のキーパーソンは教師である。そこで，教師の資質向上がうたわれ，教師教育が教育改革の核となってくる。養成教育，採用，現職教育（研修）が注目されるゆえんである。

　本資料では，アメリカ・フィラデルフィア市で教師の現職教育を目的として1987年に設立されたPATHS/PRISM: The Philadelphia Partnership for Education による報告書『教師のための職能開発』(*Professional Development for Teachers*) を紹介し，それを検討し効果的な現職教育について考察していきたい[1]。PATHS/PRISM による現職教育は，学校と地域のパートナーシップという新しい形態によるものであり，またそれは大きな成果を上げているからである[2]。

1.『教師のための職能開発』

　『教師のための職能開発』は，「一般原理」，「基本構成」，「実施のためのガイドライン」，「学校と学校群における職能開発」の4部より構成されている。これらの提案やガイドラインは，長年の職能開発経験に基づくPATHS/PRISM の意見，そして，これらのプログラムにおける外部の評価者の意見により導き出されたものである，としている。

(1) 一般原理
① 教師の職能開発は，教師を理解し尊敬し，教師に関心のある人によって指導されなければならない。教師自身，職能開発を概念化し遂行するときに主要な役割を演

ずべきである。外部からの基金を通して数年前に創設されたフィラデルフィア市の最も豊かな職能開発資源——学区規模の教師ネットワーク——は，職能開発を企画実施するために動員されるべきである。
② 効果的な職能開発は多様な状況の中でなされなければならない。それは，個々の学校や近隣の学校，また全体として学区内の学校における教師チームの成長とリーダーシップのための機会を必要とする。教師には最良の教育実践と学校改革についての地域や州，さらには全国レベルの会議に参加させるべきである。
③ 職能開発は，教師が知的に学生に関わることを援助することであるとするならば，それ自身知的に刺激的なものでなければならない。PATHS/PRISMの最も成功したプログラムは，教師と研究者が一緒になって実質的な学問内容とそれに関連する教育学を学ぶものであった。
④ 一回限りのワークショップ（one-shot workshops）のような集中性の低いプログラムは一般的に効果がない。集中的で連続性のあるものに代えられるべきである。
⑤ 教師のリーダーシップが発揮されなければならない。教師のリーダーシップは研究奨励金とワークショップにおいて芽が出て，時間と成果の多くの部分を教師に任せるプロジェクトにおいて開花する。
⑥ 職能開発は，投資の効果が表われ，そして実施，反省，修正がなされるために一定期間——3年あるいはそれ以上——継続されなければならない。
⑦ 学校現場における熟練したフォローアップは，すべての職能開発プログラムの成功にとって決定的である。教師の支援は，それを効果的なものとするために必要不可欠である。
⑧ 職能開発に関する意思決定は，学校と近隣の学校群に委ねられるべきである。効果的であるために，この意思決定のプロセス自体が職能開発を要求する。すなわち学校と学校群は，将来の職能開発計画において，計画と修正のプロセス，戦略の選択，校長と指導者集団の役割に焦点を置かなければならない。

(2) 基本構成

夏期研修

3-4週間の夏期研修は，教師に成果ある学習機会を提供する。そうした研修は，共通

資料1　PATHS/PRISMの『教師のための職能開発』

の「知的核」が教師集団に学校レベルで応用を自由に決定させることができる計画プロセスの機会と一緒に提供される時，最も良く機能する傾向がある。これらの応用には，研修スタッフ――その多くは教師であるべきである――による幾らかの枠組みにおいて情報が提供されるべきである。

文化施設と地域の諸団体との協力

職能開発プログラムは，博物館や美術館等と協力して展開される。そして，地域の諸団体・諸機関（例えば，American Philosophical Society, Schuylkill Valley Nature Center）は，長年の間特別に重要な役割を果たしたということを証明している。こうしたプログラムは，教師とその組織との長期間の連携協力を創造するという付加的な利益を持つ。

教師―指導者ネットワーク

フィラデルフィア市に存在する教師ネットワーク――外部基金によって十数年前に設立され今も活動している――は，教師のリーダーシップの国家的なモデルである。これらのネットワークは，フィラデルフィア書き方プロジェクト（the Philadelphia Writing Project），K-12数学／理科教師会議（the K-12 Math/Science Teacher Leadership Congress），理科指導者（Science Resource Leaders），女性と世界の歴史（Women and World History），教師教育協会（the Teacher Learning Cooperative），知と行動ネットワーク（the Brain and Behavior Network）である。これらのネットワークは，学区で職能開発を企画し指導するのにすでに活動しているか，あるいはそうする可能性を持っている。

夏期実習

学生と一緒に新しい教材と教授法を試みる夏期実験学校は，教師に強力な学習体験を提供する。

現地訪問

学区内外の現地訪問は，教育と学校組織改善に対する選択的アプローチについて学習するための啓発的な方法である。

教師の研究活動

教師自身による研究は，職能訓練において重要な形態である。しかし，それはよく現職教育プログラムにおいて見落とされがちである。研究者としての教師モデルは，ペンシルベニア大学教育学大学院で十分に開発されている。

カリキュラムと達成基準プロジェクト

カリキュラム―書き方プロジェクト（Curricurum-Writing Projects）は，教師の学習とリーダーシップを促進する。そして，適切な教材と教授法を提供する。こうしたプロジェクトは手間暇がかかるけれども，知的な刺激を与え，参加者間に強力な仲間意識を育てる。

研究奨励金

授業改善プロジェクトのための教師や教師集団あるいは学校への少額の研究奨励金は，長年にわたって教師の創造性とリーダーシップを育ててきた。＄300～2,000の範囲の奨励金は，多くの学校でカリキュラム変革を促した。

教職特別奨励金

教師が研究大会やシリーズの会合に参加でき，そして関連の教材等を注文できる程度の奨励金（＄500程度）は，教師のリーダーシップを促進するために重要な意義を果たした。

教師―企業パートナーシップ

教師は，適切な授業改善プロジェクトを再設定あるいは開発するために，企業や他の団体における夏期研修から大いに得るところがある。1980年代に実施されたフィラデルフィア企業における教師プログラム（the Philadelphia Teachers in Industry Program）は，理科と数学の教師の効果的なインターンシップ・モデルであった。理科指導者（Science Resource Leaders）のプログラムにおける教師は，年間を通して企業のリーダーと接触した[3]。

職能開発ワークショップ

学区内の仲間とアイデアを交換することができる職能開発普及のためのワークショップは，教師のリーダーシップを高めるための小規模ながら効果的な方法である。

(3) 実施のためのガイドライン

① 効果的なプログラミングが重要である。教師は，前もって十分にその職能開発について情報を提供されなければならない。もし参加料が提供されるならば，適切な時期に支払い，遅れることなしに資料を受け取らなければならない。

② インストラクター，助言者，コンサルタント，指導員，そして教材の慎重な計画

資料1　PATHS/PRISM の『教師のための職能開発』

と選択は，充実した職能開発プログラムを遂行するための基礎である。職能開発を計画し遂行することを任された職員は，それを成果あるものにするために十分な時間と資源を持たなければならない。
③ 教師の研究や現地訪問のような選択的な職能開発活動は，学校の学期中になされなければならない。この戦略は，学校あるいは学区に割り当てられた有能な臨時採用教員の有無に関わってくる。
④ 理想的には，各学校群は，企業の訓練センターのような職能開発のための集会場を持つべきである。これらのセンターは，企業や地域のパートナーによって設立されるかもしれない。
⑤ 職能開発の実施において，おいしい食事と魅力的で設備の良い，そして交通の便の良い場所は重要である。教師は，しばしば専門職として扱われていないと感じており，専門職にあった会合施設を望む。

(4) 学校と学校群における職能開発
① 学校は，それぞれの学校に合った専門的知識と技能のレベルで改革を開始する。幾つかの学校は，職能開発の必要性を明確に理解し，最も効果的なタイプのプログラムを持っている。しかし，多くの学校は集中的な職能開発の経験を持たないし，現職教育計画に関するアイデアと経験を持たない。有意義な職能開発の一般目標は，学校内部で継続的な教育を選択し具体化しようとする努力を含むものでなければならない。
② どのように意義のある職能開発活動を始めるかは，各学校において異なる。幾つかの学校にとって最も良い方法は，教職員が，彼等の要望と生徒の要望を研究するところの発展的な展望の再考と反省的な計画の過程を経験することである。またある学校においては，展望を明確にすることと職場の人間関係の開発がカリキュラムの中心領域の作業の中で，あるいは学際的プロジェクトの中で起こるだろう。両アプローチとも外部の支援組織あるいはコンサルタントの援助によって効果的に展開されよう。
③ 校長のリーダーシップ技能と教職員と一緒になって働く能力は，学校規模の職能開発の取り組みを成功させるための大切な要素である。

④ 職能開発が強い持続的影響を保つためには，学校現場での教師のリーダーシップが必須である。先導的な活動をするための時間と努力を惜しまない，教師の核となる集団がいなければならない。このグループは，最初から職能開発プログラムの企画に含まれるべきである。プログラムが根づいた時，この核は多くの教師を含んで，より大きくなっていかなければならない。

⑤ 校長は，学校改革チーム，特に夏期研修に参加したチームの活動を，通常のミーティングタイムを提供することによって，諸計画をしなやかに調整することによって，そして普及努力を激励することによって促進しなければならない。集中的な職能開発の成果は，校長自身がミーティングや夏期研修等に参加することによって高められる。

⑥ 職能開発は，教師の孤立と個人的な実践の壁を取り除くことから始めなければならない。高められた仲間意識と教師のやる気は，教授と学習に直接焦点付けられた現職教育機会の副次的な産物である。

⑦ 重要な学校規模の職能開発が遂行されている時，管理職と教員の異動は最小限であるべきである。

⑧ 学校規模の取り組みは，幾つかの夏と学校年度を通した数年の期間をかけたプロジェクトを要求する。

⑨ 学校規模プロジェクト（Chapter 1 Schoolwide Projects）のような自由裁量の基金を持っている学校は，これらの基金の一部を有意義なプランニング・プロセスと職能開発のためにとっておく。

⑩ 職能開発活動を計画するとき，教師はその学校あるいは近隣の学校にすでにある資源とプログラムの一覧表を作成しなければならない。多くの場合，理科の教材等はクローゼットの中に眠っている。

⑪ 仲間教師による教授（Peer Coaching）は，学校に基礎を置く変革においては当り前である。

⑫ 生徒を中心に据えた教師教育プログラムの開発は，教師が校区の中で小学校，中学校等の学校レベルを超えて活動することを要求するだろう。生徒は，カリキュラム，教育戦略，評価において連属性を必要とする。それは，学校レベルを超えて教師がお互いに話し合い，学び，一緒に計画を立てる時に可能である。

資料1　PATHS/PRISM の『教師のための職能開発』

2.『教師のための職能開発』と現職教育の考察

　「一般原理」に関しては8項目述べているが，まず第1には，職能開発を企画し運営する場合学校や教師についての十分な理解のうえになされなければならず，その意味では教師自身が積極的にかかわり教師のリーダーシップが望まれる，と述べている。なるほど，日々の教育実践を通して教師の資質能力の向上の必要性を認めそれを切望しているのは教師であり，そのプログラムについても，外部から押し付けられたものではなく教師自身のリーダーシップが発揮されねばならないのは当然であろう。そのためにも，広範な知見を得るための学区を超えた州，全国レベルの会合への積極的な参加，あるいは自由に研究できる研究奨励金の提供等が考えられなければならない。
　ただこの場合，学校教師だけの限定的な集団に固執しない方がよい。教師は児童生徒の教育や学校のことについては精通しているであろうが，逆にそういうことが彼らの視野や発想を狭めることになる場合もあるからである。学校教師はむろんのこと，教育行政，保護者，地域の教育機関・団体さらには企業等の参画による職能開発プログラムが望まれよう。
　また，職能開発プログラムは1回限りのものではなく可能ならば連続性があり，本格的には数年間継続されることが望ましい。さらにその職能開発が効果的であるためには，参加後の学校現場でのフォローアップが必要である。フォローアップがないと効果は半減してしまうのである。
　「一般原理」を受けて「基本構成」の箇所では，夏期研修，文化施設と地域の諸団体との協力，教師―指導者ネットワーク等，11の提案をしている。特にここで注目されることは，文化施設と地域の諸団体との協力，教師―指導者ネットワーク，教師―企業パートナーシップである。
　日々の教育実践で似たような教育問題に直面している教師が自分一人で悩み考えるのではなく，学校種別に，教科別にあるいはそれらを超えてテーマ別にネットワークを作りお互いに情報交換し，解決策を考えていくのである。
　さらに発展させて，地域の教育文化施設・団体と連携協力し，地域の教育資源を教師の現職教育に生かしていく。地域には各種の教育文化施設や団体・組織が存在するが，

それらは教師にとっても非常に有効な資源なのである。地域の資源を現職教育に最大限活用すべきであろう。そして,このような現職教育においては,地域の諸機関や諸団体を知ることができ,今度は子どもの教育にそれらを活用するというように,学校と地域の交流を一層活発にするであろう。

また,教師と企業の連携も大切であり,特に自然科学系,高校の職業科目担当の教師にとっては有益であろう。さらに,実際の企業の活動,組織,経営といった観点からも教師に学校で新鮮な発想やアイデアを生み出させるかもしれない。

「実施のためのガイドライン」のところでは,5つのことを述べているが,数校より構成される学校群に職能開発のための集会所を設置する提案は興味深い。なるほどこうした活動の拠点となる場所が確保されると,先の教師のネットワークや地域の教育文化施設や団体との連携協力,教師―企業パートナーシップが一層促進されるだろう。しかし,この問題には財政上の問題や設立後の管理運営の問題が連動してくる。

また,ささいなことのようであるが,施設設備の良い場所で会合を開催するということは,大切なことのように思われる。これは教師の待遇に関係することであり,彼等の専門職としての意識を高めるだろう。

最後に「学校と学校群における職能開発」について提案している。

まず,各学校によって効果的な職能開発プログラムは異なるということである。どの学校も同一のプログラムで実施する必要はなく,学校の状況によって異なるのである。どこかの学校で成功したプログラムを,自分たちの学校で無理して実施しても期待される効果はあがらない。その学校に応じたやり方で実施することが肝要である。この学校の問題点は何なのか,それをどういうふうに改善したらよいのか,そのためには何をなすべきか等について学校の全教職員が検討することから始めなければならないのである。

その際,校長のリーダーシップが重要とされる。しかしそれは,一方的なトップ・ダウン式のリーダーシップであってはならない。職能開発の研修を受けてきた教師の,いうなれば教師のリーダー集団の改革努力を支援し,そしてその集団がだんだん大きくなり教師の職能成長の意欲を引き出すようなリーダーシップである。

ところで,フィラデルフィア市のあるペンシルベニア州では第1学年から第12学年(小学校から高等学校)まで義務教育とされるが,その生徒が進学する小学校,中学校,高等学校の教師が連係して現職教育を受けることは大いに意義があると思われる。小学

校,中学校,高等学校と限定せずに,それらの枠を超えて会合を持つことは,その児童生徒の成長と発達を連続して援助することができるということであり,効果的な学校教育が期待できる。

また,学校あるいは近隣の学校にどういう資源がありどういうプログラムがあるかを調査する必要性を述べているが,こうした作業は地道ながら必要である。そして,各学校がそれらの情報を交換し相互に活用すべきである。

以上,PATHS/PRISMの『教師のための職能開発』と現職教育について考察してきたが,これらの提言は長年にわたって数多くの教師を対象に実施した職能開発の実践に基づくものである。わが国においても,学校と地域の連携協力,地域の教育機関のネットワーク化等が盛んに主張されているが,それは子どもの教育(学校教育)と教師の教育(現職教育,研修)を連動させて考えていかなければならない。わが国でこれらの問題を考える際に,ここであげたPATHS/PRISMの「教師のための職能開発」における幾つかの提言は非常に示唆的である。

3. PATHS/PRISMと現職教育

PATHS/PRISMは,フィラデルフィア学区,フィラデルフィア教員連盟(AFTのフィラデルフィア支部),ペンシルベニア大学,社会教育施設,企業等,地域の教育機関や団体の代表者や文化人で構成されている,主に教師の現職教育を目標としている,学校と地域のパートナーシップの組織である[4]。

特に1990年代に入り,教育予算の縮小,学校に基礎を置いた改革(School-Based Restructuring and Renewal)の流れの中でその役割が重要視されている。都市部の学区においては,教育関係のスタッフが削減され管理運営は地区,学校現場に分散されつつある。例えば,フィラデルフィア学区では1989年には中央教育課程部局(the Central Curriculum Office)には289名のスタッフがいたが,1994年にはわずか16名に削減された。同時に,より多くの権限が各地区教育長や各学校に譲り渡された。こうした中で中央教育課程部局は,トップ・ダウン方式というより学区の各学校で実施されている多くの改革努力を援助し促進しようと努めている。しかし,学区当局の方向づけがないと,改革の行方は混迷を深めるばかりである。もはや,学区規模のプロジェクトを開発する

ことは不可能なのである。

　こうした地域分権化，いうなれば学校分権化の状況で，PATHS/PRISM には，各学校に必要とされる職能開発や各種サービスの斡旋者としての役割がますます期待されるようになってきている(5)。

　今後一層，その役割が重要視されその活動が注目される。

注

(1) PATHS/PRISM. *Professional Development for Teachers.* 1994.
　　アメリカにおいては，1980 年代以降 "In-Service Education"，"In-Service Training"（現職教育）という用語は余り使用されなくなっており，教師の自由意志と責任に基づく職能の向上という意味を込めて "Professional Development" という用語が多用されるようになっている。"Professional Development" は「職能発達」等と訳されることもあるが，教師自身が意図的に教師の資質能力を開発し向上させるという意味を込めて「職能開発」と訳している。

(2) Renyi, J. The Art and Humanities in American Education. *Phi Delta Kappan*, Feb. 1994, pp. 438-445.

(3) 理科指導者（Science Resource Leaders）とは，1992 年から 95 年まで計画されている，フィラデルフィア市の公立中学校に勤務する理科教師 150 人のための職能開発プログラムであり，以下の活動を含むものである。
　　・理科の学問内容，教育学，実地研究を重視した 240 時間の夏期研修
　　・産業界の指導者と 3～5 名の教師が一緒になった，年間を通した研究チーム・プロジェクト
　　・週末の研修，放課後のワークショップ，集会，学校に基礎を置いたプロジェクト（School-Based Projects）
　　・学校に基礎を置いたプロジェクトのための研究奨励金
　　・月刊のニュース・レター
　　なお，このプログラムは，フィラデルフィア学区，ドレクセル大学，黒人科学者・科学技術者の専門職推進のための全国組織によるパートナーシップで展開されており，基金提供者は国家科学基金（National Science Foundation）となっている。

(4) PATHS/PRISM. *1993 Annual Report.* 1994, p. 16.

(5) Useem, E. L. and Neild, R. C. *A Place at the Table: The Changing Roll of Urban Public Education Fund.* Paper Presented at the Annual Meetings of the American Educational Research Association, New Orleans, Apr. 1994, p. 4.

資料2　PATHS/PRISMの『戦略プラン』
——抄訳とその考察

　PATHS/PRISMとは，正式にはPATHS/PRISM: The Philadelphia Partnership for educationという名称であり，PATHS (The Philadelphia Alliance for the Teaching of Humanities in the Schools) とPRISM (The Philadelphia Renaissance in Science and Mathematics) を母体にして1987年に設立された，そのサブタイトルにもあるようにフィラデルフィア市における教育のためのパートナーシップ組織である。主たる活動は教師のための現職教育とカリキュラム開発であるが，1990年代に入りさらに学校全体の教育改革をも視野に入れた活動を展開している[1]。

　本資料では，1994年以降5年間のPATHS/PRISMの目標を記した『戦略プラン』(Strategic Plan)を紹介し，それを検討しつつPATHS/PRISMの今後の活動について考察していく[2]。今までの経緯からみて，PATHS/PRISMの活動はフィラデルフィア市の学校教育，ひいてはアメリカ都市部の学校教育に多大な影響を与えると考えられるのである。

1.　『戦略プラン』

　PATHS/PRISMは，1994年3月『戦略プラン』を発表した。内容は，「戦略プランの概要」「戦略プランの紹介」「任務」「目標1　フィーダー・パターンの活動」「目標2　中学校の再生・再建」「目標3　再生のための環境整備」の6項目であるが，その中の目標1，目標2，目標3を中心にその抄訳を提示する。以下はその抄訳である。

概　要

　PATHS/PRISMの『戦略プラン』は，今後5年間の主要な3つの活動について概説

したものである。そして，このプランで述べられている目標は，PATHS/PRISM の活動としてよく知られている教師の職能開発やカリキュラム開発プログラムについても，また新しい活動領域である学校の再生・再建についても説明している。

この戦略プランにおいて，PATHS/PRISM は以下の必要性を認める。

- 長期間影響を与えるようなプログラムを計画すること。その結果，個々のプログラムは数年間継続される，あるいは再生・再建問題に関する学校社会の知識を増すために計画された一連のプログラムに適合する。
- 学区の小規模の改革を支援し続ける一方で，学校規模の再生・再建努力を促す学校資源に目標を定める。
- プログラム，特に生徒の顕著な学力向上を意図した学校の再生・再建プログラムの成果を調査研究し，それを共有する。

戦略プランの紹介

戦略プランのプロセス

1993年春 PATHS/PRISM の理事会やスタッフの会合等多くの会合では，フィラデルフィア市の教育改革における PATHS/PRISM の役割について考える幾つかの必要なバックグランドが提供された。PATHS/PRISM の運営ティーム（Senior Management Team）は，前年夏の戦略プランの草案を再検討しながら，またそのプランの実施のための具体案を練りながら，1993年春から夏にかけて度々会合を開いた。ペンシルベニア大学教育学大学院教授ニューバーグ（N. Newberg）は，戦略プランを練る期間中その運営ティームのコンサルタントとして参加した。

PATHS/PRISM は，1993年秋に開催された2つの会合に参加したフィラデルフィア学区や PATHS/PRISM 理事会の責任者，教師，保護者，校長，地区教育長等から受けた多くの貴重な意見に感謝している。彼等の優れた意見は戦略プランの至る所に表れている。

目標1
生徒の学習成果に焦点を置いたフィーダー・パターン（Feeder-Pattern）を開発する

フィラデルフィア学区の各小学校（elementary school），中学校（middle school），高校

資料2　PATHS/PRISMの『戦略プラン』

(high school) は，ある小学校の生徒が進学する中学校が，またその中学校の生徒が進学する高校が限定されるという「フィーダー・パターン」の一部である。典型的には，各フィーダー・パターンは，多数の小学校，幾つかの中学校，1つの高校を含む。フィラデルフィア市においては，約20のフィーダー・パターンがある。フィーダー・パターン内の幾つかの学校は特別な問題に関して連絡調整しているとはいえ，お互いに支え合うような接触が全くないために，各種の基準が学校によって異なる。

多くの生徒の進級が遅れる傾向がある都市部においては，生徒を送り出す学校と受け入れる学校の連絡調整は特別重要である。学習障害を持つ生徒にとって準備がなされていない不慣れな環境への異動と新しい学校の異なった期待は，現に存在している問題をさらに悪化させる。

変革の単位として個々の教室や学校がとるイニシアティブに比較して，フィーダー・パターンは，教師に長期にわたって個々の生徒の学業状況をみることを，また全在学期間にわたって成長を見極めることを求める。近隣の学校の協力を通して，教師集団はK-12（幼稚園から第12学年）教育システムにおいて生徒を見守る責任を持つ。

フィーダー・パターン学校の利益は，以下の多くの見地から述べることができる。

- 「カリキュラムと教育」の見地から，連携は前学年の内容に基づいた，そして学年間の反復を最小限にする連続的なカリキュラムを組むことを可能にする。学校を超えた協力は，学年を超えた教師のネットワークと長期にわたって測定された生徒の学習成果への関心を育てる。
- 「資源」の見地から，フィーダー・パターン学校は人的・物的資源を交換することができる。
- 生徒と彼等の家族への「効果的なサービスの提供」の見地から，学校は生徒の指導と援助，仲間による教授，統合された社会的サービス，そして生徒の学習成果を示すデータベース等のシステムを調整することができる。
- 「両親」の見地から，フィーダー・パターン学校間の協力は，学校の内外で両親に対してより積極的な役割を促進することができる。学校と地域社会が長期にわたって子どもの教育に対して責任をもつとき，学校に対する地域社会のより大きな支持を得るであろうし，地域社会に対する学校のより大きな支持を得るであろう。
- 「政治」の見地から，フィーダー・パターン学校は，確認された優先事項と要望に

基づいて意思決定される活気ある地域社会を促進するであろう。そして，校長と学校運営委員会が連携して計画を立てることを促進する。

少なくとも今後5年間にわたって，PATHS/PRISM は，まず最初に小学校と中学校と一緒に活動しながら，フィーダー・パターン学校の1つのグループの中で上記事項を実現させるために職能開発やカリキュラム開発，学校再建における蓄積された経験を活用して展望を開く。PATHS/PRISM の意図は，他のフィーダー・パターン学校の協働的活動に情報を与えることのできる，学生の学習成果に焦点付けた自立型のフィーダー・パターンの協働モデルを創造することである。生徒の学業成績の向上に力点を置くということと非常に大規模な計画であるということにおいて，この先導的営みは PATHS/PRISM の活動の核として理解されるべきである。

機会があるならば，PATHS/PRISM はフィーダー・パターン外で小学校における限定された数の学校の再生・再建プログラムに対する援助も提供するかもしれない。これらのプログラムの評価は，PATHS/PRISM のフィーダー・パターン学校への支援に適用されるだろう。

　戦　略
　　A．1つの大きなフィーダー・パターン・プロジェクトにおける PATHS/PRISM の活動に情報提供するために構成された，多くの，小さなフィーダー・パターン関連のプログラムを調整する。
　　B．フィーダー・パターンに関する活動を最近のプログラムに適切に組み入れる。
　　C．教師，管理者，保護者，地域住民，そして学校改革の専門家によるプロジェクト・ビジョンのためのセミナーの計画を含みながら，1つのフィーダー・パターンでの主要な作業に関する一連の活動計画を主導する。
　　D．1つのフィーダー・パターンを形成する学校へ集中的な技術的援助と他の資源を提供する。

目標2

中学校における学校全体の再生・再建を促進し支持する

1991年 PATHS/PRISM は，学校の再生・再建に関心のあるフィラデルフィア学区の中学校へ技術的な援助と他の資源の提供を始めた。

資料2　PATHS/PRISM の『戦略プラン』

　フィラデルフィア学区そして国内の諸学区から，青年期初期の教育を緊急に再考しなければならないという声があがっている。カーネギー財団によって委託された中学校段階の教育に関する1989年の報告書『転換点』（*Turning Points*）では，多くの中学校で今日教授されている技能と労働界に要求される現実の技能との間のずれ，健康を害するような危険な行動に走らせる中学生へのプレッシャー，学校で大人と信頼感のある安定した関係を築くことに対する中学生の要望，子どもの教育へ親と地域の参加を促進させる要望について述べている。

　国内の中学校教師が直面しているこれらの問題は，特に都市部の学校において確認される。そこでは，多くの中学生が落第する。落第は中学校に通う生徒によくある経験であるが，当学区の中学生は，K-8学校の同学年の生徒より高い落第率である。

　1989年のフィラデルフィアにおけるジュニア・ハイ・スクール（junior high school（第7学年から第9学年））からミドル・スクール（middle school（第5ないし第6学年から第8学年））への変化は，単に学年のグルーピングの変化だけではなく，中学生の教育に新しい哲学的方向付けを含むものである。ミドル・スクールは，ジュニア・ハイとしてミニのハイ・スクールであることを意図するのではない。むしろミドル・スクールは，学校の構造とカリキュラムが主題，学際的な探究，教師集団と生徒との長期の関係を通して「学び方を学ぶ」ことを促進する，まさに理想的な教育をする場所なのである。ミドル・スクールの変革はほんの最近であるために，フィラデルフィアの教師達は「ミドル・スクールの教育」を遂行することに経験が乏しい。

　以上の理由のため，またミドル・スクールの再建は他のレベルでの教育に影響を与える可能性があるため，PATHS/PRISM は，少なくとも来る5年間ミドル・スクールを援助し続ける。PATHS/PRISM のミドル・スクール・プログラムの核は，学校の再生・再建の多くのモデルを導くところの少数の学校への集中的な援助であり続ける。

　ミドル・スクールへの PATHS/PRISM の集中的な援助は，再生プロジェクト，教師の職能開発，学校間のコミュニケーションの機会についての PATHS/PRISM スタッフによる支援的な相談を含む。PATHS/PRISM の学校への援助は，生徒の多様な学習スタイルと要望に連動する革新的な教授を，生徒の要望と成果に焦点付けたハウス内の学際的なチーム編制を，チームのための共有の計画時間を，また両親と地域住民の意義ある参加を促進する。多様なミドル・スクールの再生・再建プロジェクトの評価からの発

見は，集中的な援助を受けている学校の次年度の生徒集団に情報を提供する。

同時にPATHS/PRISMは，学区の中学校教師に対して青年期初期における教育の方法を開発するための，また中学校に関する特別な学区規模の要望を実現するためのプログラムを開発する機会を提供する。

　戦　略
　　A．再生・再建を実施している少数の中学校に集中的な援助を提供する。
　　B．生徒と教師のなすべき事と生徒の成果に焦点付けながら，PATHS/PRISMによって支援されている再生・再建活動を遂行している学校でプログラム評価を指導する。
　　C．最初の対象集団の経験を参考にしながら，中学校の次の集団に対する再生・再建の援助を企画する。
　　D．中学校段階における数学，理科，文学のような特別な科目における挑戦的なカリキュラムをモデル化する職能開発プログラムを考案する。
　　E．学区のすべての教師と保護者に対して，中学生の教育に関する最善の実践について学習する機会をつくる。

目標3
継続的な学校の再生・再建のための環境を整備する

PATHS/PRISMは，フィラデルフィア学区における教育改革への地域社会の関心の表明である。例えばPATHS/PRISMは，望ましい風土を創造する，そしてフィラデルフィア市の長期の教育改革のための環境を整備する支援的な努力に絶え間ない関心を持っている。これらの環境整備活動は，教師が学校の再生・再建活動に参加しリードしていくうえで中心となるであろう。

フィラデルフィア市における長期の教育改革のためのPATHS/PRISMの継続的な支援は，次のような多くの形態をとるであろう。

- 再生・再建のモデルと経験に関する学区規模の情報の普及
- 学校全体の再生・再建が成功するために必要な経験を提供する教師のための職能開発プログラム
- より効果的な教授・学習を支援する，そしてPATHS/PRISMの学校全体での活動

資料2　PATHS/PRISMの『戦略プラン』

によって得られた政策と政策変換の唱導

A．学区規模の普及

再生の環境整備の重要な局面は，学区中の教師に再生しつつある学校の経験を利用できるようにしておくことである。それゆえPATHS/PRISMは，フィラデルフィア市の教師へ典型的な再生プロジェクトについて情報を提供し，そして学校再生のための援助を提供するつもりである。

戦　略
   a．会議や出版物等多様な方法を通して，フィラデルフィア市や国家で実施されている学校の再生・再建モデルに関する情報を教師に提供する。
   b．教科と学校の再生・再建に関する学区規模の教師ネットワークのための支援を提供する。

B．教師のためのプログラム

学校とともに活動しているPATHS/PRISMと他の組織の経験は，以下のことを暗示している。すなわち，学校の再生・再建は，教職員，校長，そして保護者が学校改革について創造的に考え，リーダーシップを示し，教師のネットワークに参加し，協力して活動する経験を持ったとき最もうまくいく。

PATHS/PRISMは，学校再生の「可能性のポケット」を創造する明白な目的を持つ限定された数の教師のための職能開発及びカリキュラム開発プログラムを支援するであろう。これらのプログラムは，職能開発及びカリキュラム開発と学校再生の連携を重視する。そして，学校全体あるいは個々の教師よりも教師のチームに向けられるだろう。またそれは，教科あるいは学際的な基礎を持った，チーム計画あるいは保護者参加を強調するプログラム，あるいは再生された学校での校長の役割を展望することを援助するプログラムを含めることができる。資源が許すならば，PATHS/PRISMは小学校と中学校へ特別な配慮をしながら，学年を超えてこのタイプのプログラムを企画する。

これらのプログラムの2番目に重要な目的は，学校再生の特別な局面—例えば校長のリーダーシップや協働的教授—はどのように最も効果的に促進されうるか，ということについて学習する機会をPATHS/PRISMに提供することである。この目的に合致する

プログラムは，次により大規模な再生プロジェクトに情報を提供する，特別な，絞り込まれた研究課題によって実施される。
　　戦　略
　　　a．学校の再生・再建に貢献するK-12学年の教師チームを養成する明確な目的を持った，限定された数の職能開発を提供する。これらのプログラムは，学問の再生と学校の再生・再建の連携を強調するであろう。
　　　b．再生のための環境整備の目的を明確に映し出すために，例えば「教師と学校と研究会の奨励金」（Grants to Teachers and Schools and Colloquia）のような長期プログラムを修正する。修正は，ティーム・ティーチングあるいは学際的単元に焦点を置くことができる。

C．教授と学習を支援する政策と政策転換の唱導
　フィラデルフィア市の生徒の学習成果を改善をするためには，教育システムにおける変化が多くのレベルで起こらなければならない。教室での実践の変革は，協力的な学校組織と風土によって成就されなければならない。同様に，これらの変革は学区，州，さらに国家の変革を支援する政策を要求する。PATHS/PRISMは，学校の再生・再建を支援する変革を唱導するために学校における諸経験を活用する。
　唱導する役割は，PATHS/PRISMにとって次の理由から適切である。
● 教師と学校に対するPATHS/PRISMのプログラムは，変革と実践を支援することによって，現存する構造と組織にしばしば挑戦するであろう。唱導は，これらのプログラムに含まれる教師に対する支援の論理的帰結である。
● 再生・再建プロセスでの学校への直接的な援助は，学校が出くわす変革を促進するものと障害になるものについて具体的な見解を提供する。学校でのこれらの経験は，学区，州，さらに国家レベルの政策転換を示唆する。
● 地域社会の諸機関・団体の組織として，PATHS/PRISMは政策問題に関わる諸機関・団体の公平な会議主催者として奉仕する。
　幅広いフォーラムの開催と参加によって，PATHS/PRISMは再生・再建活動を率先するうえで重要な限定された政策問題を扱うよう努める。PATHS/PRISMは，唱導的活動における役割を，政策問題の確認者そして意思決定者と専門家の会議主催者として

資料2　PATHS/PRISMの『戦略プラン』

位置付ける。
　戦　略
　　a．現在の学区政策問題に関して調査及び勧告をするために，政策決定者による問題解決専門委員会を開催する。これらの専門委員会は，新しい解決法を示唆するために，企業のメンバーを含む専門の助言者の意見を重視する。
　　b．政策問題に対して選択肢をモデル化するプログラムを創造するために，地方の政策決定者と協働する。
　　c．学校政策の専門家による，地域の諸機関・団体のための討論と講演を後援する。
　　d．教師とPATHS/PRISMスタッフが学校の再生・再建に関する経験を共有できる，全国的規模の関連フォーラムを調査する。

2.『戦略プラン』の考察

　この戦略プランは，ペンシルベニア大学教育学大学院教員であるニューバーグをコンサルタントとしてPATHS/PRISMの運営ティームによって作成されたものである。1994年から今後5年間のPATHS/PRISMの活動の目標を3つあげているが，それぞれについて考察していこう。
　目標の第1は，生徒の学習成果に焦点を置いたフィーダー・パターンの開発であるが，興味深い提案である。フィーダー・パターンとは，端的な日本語が見つからないが，小学校，中学校，高校と断片的に考えるのではなくて，進学する小・中・高校を1セット，言うなれば生徒の教育をつかさどる1つの学校群として考えるのである[3]。
　形式的には生徒の教育という点からの連続性は考えられていると思うが，実際にはその連続性は機能していないのではないだろうか。学区が制定する小・中・高校の連続性を考慮した教育目標，内容，方法等のガイドラインはあるものの，生徒が進学する小・中・高校が学校群として具体的な調整をする機会はほとんどないというのが現実である。むろん，各学校にそれぞれの地域の実情を生かした特色ある学校は期待されるが，この『戦略プラン』でも言っているように生徒を送り出す側と受け入れる側の連絡調整は必須である。少なくとも，相手校の実情を知り，どのような教育をどのようにやってきたか，今後どのような教育をどのようにやっていくか等については双方が意見交換をして，

それぞれの教職員が共通理解をすべきであろう。

　なぜならば，生徒の教育を考えるうえでこうした意見交換はきわめて効果的だからである。学校の全体像を把握したうえでの双方の学校へのそれぞれの要望，生徒を指導するときの双方の緊密な接触，こうした関係がフィーダー・パターンで12年間も継続すると大きな成果が期待されると思われる。改革，改革と騒がれているが，単なる改革ではなくてもうその結果，実際の成果が問われている。「生徒の学習成果に焦点を置いた」とはそういう意味である。考えれば，今まで小・中・高校の連絡調整には余りにも無頓着であった。

　そのためにはフィーダー・パターンの小・中・高校の定期的なまたタイムリーな会合の開催，人的・物的資源の交流等を積極的にやっていくことが大切であろう。その際，形式的に会合を重ねればよいというものではなく，実質的な効率的な会合開催が望まれる。会合の時間ばかり増えて教師本来の教育業務が圧迫されることのないよう配慮されなければならない。また人的・物的資源の交換の場合は，教員免許の問題も含めて実際に運営する際の詰めた協議が必要となろう。

　目標の2,3では中学校の再生・再建の促進と支持及びそのための環境整備が述べられているが，まずここで学校の再生・再建について説明する。

　そもそも学校の再建（School Restructuring）という用語は，1980年代半ばに初めて登場する。全米知事会（National Governors' Association ＝ NGA）による教育改革についての初の報告書『成果の時』（*Time for Results*），カーネギー財団の教育改革に関する報告書『備えある国家—21世紀の教師—』（*A Nation Prepared: Teachers for the 21st Century*）の中にその用語をみることができる。

　『成果の時』では，カルフォルニア州教職委員会による『我々の子どもを誰が教育するのか』（*Who Will Teach Our Children?*）(4)の中の，州教育長，知事，議会，そして学区はカルフォルニア州の学校の経営を再建する（restructure）必要があるという勧告を引用し，「その委員会の勧告以前の証言，効果のある学校に関する多くの研究，企業経営からの明白な事実これらすべては，教師は学校の経営に参加すべきであるということを示している」と述べている。そして「再建された学校」（Restructured School）を次のように説明している。「改善のための組織化は強力なリーダーシップを要求する。その幾つかは教師から現れるものでなければならない。教育に関する決定は，教室により接

資料2　PATHS/PRISMの『戦略プラン』

近してなされなければならない。幾つかの学校においては，校長と教師の共同経営が考えられる。……学校は，今までより教師の雇用に関して大きな権限をもち，学校の支出に関する多くの自由裁量権，意思決定に関する大きな責任を持つだろう」[5]。

また，『備えある国家―21世紀の教師―』では，教育における教師の役割を重視し専門職としての教職を確立するために，「学校に生徒の成長発達に対して責任を持たせると同時に，生徒のために州や地方の教育目標をどのように達成するかを決定する自由を与え，教育に関する専門職的環境を提供するために学校を再建する（restructure）」といっている[6]。

基本的には学校の再建は，教育の質を一層高めるために地方教育委員会と各学校の権限関係を見直し自立的な学校を目指す，まさに学校の組織・運営の構造的な立て直しを図るものである[7]。それは，1980年代初期の政治家主導の教育改革の行き過ぎを戒め教師主導の教育改革を主張するのであるが，日々子どもの教育に携わっている教師がその改革に主導権をもつのは当然といえば当然であろう。そういう意味で学校の再生・再建は支持されるべきである。PATHS/PRISMの場合は，青年期初期の生徒が通う中学校に多くの問題点があるということと，フィラデルフィア学区ではジュニア・ハイ・スクールからミドル・スクールへと制度改革しミドル・スクールの教師に戸惑いがあるということで，中学校の再生・再建を中心に考えている。それは，小学校，高校の再生・再建にも波及することは言うまでもない。

学校の再生・再建は学校経営への教師の強力な参加を促し，またそのために教師の専門性の確立を要請する。よって，戦略にもあげているように，PATHS/PRISM活動の中心である教師の職能開発が今まで以上に期待されるのである。またそれは，地方学区と学校の経営活動の範囲と程度の再編につながり，さらには州規制と学区裁量のバランスをいかに図るかという問題にも発展する。そうするならば当然，学区，州，国家レベルの教育政策の問題に関わらざるを得なくなるのであり，PATHS/PRISMは，学校の再生・再建に関して新しい政策を提案していかなければならない。学校の経営活動のどの範囲をどの程度まで学校裁量として認めるのか，さらにはそれらの問題に関連した具体的な政策提案が今後期待される。

ところで活動目標を具体化していく時，フィーダー・パターンの開発の場合も学校の再生・再建の場合も同様であるが，まず限定された学校で集中的に改革プログラムを実

169

践しその評価を経て次のグループや他の学校へ拡大していくという戦略は，限られた資源の中で実践的であり効果的であると思われる。

3. PATHS/PRISM から新組織 PEF へ

これまで PATHS/PRISM の今後 5 年間の活動方針をみてきた。主たる活動はフィーダー・パターンの開発と学校の再生・再建であったが，それらの改革は小・中・高校の相互連携を必要とするものである。

そこで，教師の職能開発と学校改革活動を主に小・中学校をターゲットにして実践してきた PATHS/PRISM は，高校改革を目的として 1988 年に設立された「フィラデルフィア学校連合」(Philadelphia Schools Collaborative) と合併を企てる。そして，1995 年 3 月 31 日に 2 つの組織は合併し，新しい組織「フィラデルフィア教育基金」(Philadelphia Education Fund = PEF) が誕生する。基金の新理事長には，PATHS/PRISM 理事長のペイン (D. Payne) が就任した[8]。

活動領域の拡大による組織の再編は，必然である。PEF は，年間予算約 $6,000,000 をもってこれまでの 2 つの組織の活動を継続しつつ，教師の職能開発の拡大，カリキュラム開発，都市部生徒の大学進学率の向上，小・中・高校における小規模学習社会の創造等を展開していく[9]。

2 つの組織の合併により，フィラデルフィア市の公教育においてますます私的セクターの影響力が強力になるであろう。今後の PEF の動向が注目される。

注
(1) PATHS/PRISM の歴史や活動については，拙著「アメリカにおける学校と地域のパートナーシップ― PATHS/PRISM: The Philadelphia Partnership for education を中心に―」(『日本教育経営学会紀要』第 38 号，第一法規，1996 年) に詳述している。
(2) PATHS/PRISM: The Philadelphia Partnership for education. *Strategic Plan*. Mar. 1994.
(3) フィラデルフィア学区の学校制度は，小学校 (elementary shool, K-5th)，中学校 (middle school, 6th-8th)，高校 (high school, 9th-12th) となっている。原則的に，居住地域により進学する小・中・高校が定められている。

資料2　PATHS/PRISMの『戦略プラン』

(4) California Commission on the Teaching Profession. *Who Will Teach Our Children? A Strategy for Improving California's Schools.* 1985.
(5) National Governors' Association, Center for Policy Research and Analysis. *Time for Results: The Governers' 1991 Report on Education.* 1986, p. 56.
(6) Carnegie Forum on Education and the Economy, Task Force on Teaching as a Profession. *A Nation Prepared: Teachers for the 21st Century.* New York: Carnegie Corporation of New York, 1986, p. 3.
(7) 学校の再生・再建のための戦略が「学校に基礎を置いた経営」(School Based Management = SBM) の実践である。
(8) Philadelphia Education Fund. *Philadelphia Education Fund Formed to Spur Reform of City's Public Schools.* Apr. 3, 1995.
(9) Mezzacappa, D. 2 Groups Helping City Schools Merge as a Private Partnership. *Philadelphia Inquirer.* Apr. 4, 1995.

初出一覧

第1章　「アメリカの学校教育をめぐる最近の状況―ファイデルタカッパ・ギャラップ世論調査の分析―」『九州産業大学国際文化学部紀要』第30号，2005年。

第2章　「NCLB法における学力テストとアカウンタビリティ」『アメリカ教育学会紀要』第16号，2005年。

第3章　「学校教師の現状と課題―フィラデルフィア市―」書き下ろし

第4章　「学校・地域の連携と大学―教師養成教育―」日本教育経営学会高等教育経営特別委員会編『高等教育経営論集Ⅱ』，2006年。

第5章　「大学と地域改善―フィラデルフィア『都市栄養指導』（Urban Nutrition Initiative）プログラム―」日本教育経営学会高等教育経営特別委員会編『高等教育経営論集』，2005年。

第6章　第1節　「アメリカにおける学校と地域のパートナーシップ―PATHS/PRISM: The Philadelphia Partnership for Education を中心に―」『日本教育経営学会紀要』第38号，1996年。
　　　　第2節　「アメリカにおける学校・地域パートナーシップの組織と活動―フィラデルフィア教育基金（PEF）を中心に―」『九州産業大学国際文化学部紀要』第21号，2002年。
　　　　第3節　「2001年以降　フィラデルフィア教育基金（PEF）の組織と活動」『九州教育経営学会研究紀要』第12号，2006年。

　　資料1　「PATHS/PRISMの『教師のための職能開発』―抄訳とその考察―」『九州女学院短期大学学術紀要』第22号，1996年。

　　　　2　「PATHS/PRISMの活動の目標とその戦略」『九州女学院短期・九州ルーテル学院大学学術紀要』第24号，1997年。

[著者略歴]

赤星　晋作（あかほし　しんさく）

1952年熊本県生まれ。広島大学大学院教育学研究科博士課程前期修了。
専　門　教育経営学，教師教育学。博士（教育学）。
現　在　広島市立大学国際学部　教授。
　　　　アメリカ・ペンシルベニア大学教育学大学院（Graduate School of Education, University of Pennsylvania）客員研究員（1994-95年）。
　　　　日本教育学会理事（2002年-2004年），日本教育経営学会理事（2000年-2003年），日本教師教育学会理事（1999年-現在），九州教育経営学会理事（1993年-現在）。
著　書　『教育経営学』（共著）福村出版，1990年
　　　　『生徒指導』（共著）ミネルヴァ書房，1992年
　　　　『アメリカ教師教育の展開―教師の資質向上をめぐる諸改革―』（単著）東信堂，1993年
　　　　『生徒非行と学校・教師―教育学的観点からの考察―』（単著）中川書店，1996年
　　　　『道徳教育の基礎と展望』（共著）福村出版，1999年
　　　　『学校教師の探究』（共編著）学文社，2001年
　　　　『学校・地域・大学のパートナーシップ―ウェスト・フィラデルフィア改善組織（WEPIC）の事例研究―』（単著）学文社，2001年
　　　　『課題を克服するための総合的な学習　成功のカギ』（共著）ぎょうせい，2002年
　　　　『地方分権下における自律的学校経営の構築に関する総合的研究』（共著）多賀出版，2004年
　　　　その他

アメリカ教育の諸相
―― 2001年以降

2007年8月25日　第1版第1刷発行

著　者　赤星　晋作

発行者　田中　千津子　　〒153-0064　東京都目黒区下目黒3-6-1
　　　　　　　　　　　　電話　03（3715）1501（代）
　　　　　　　　　　　　FAX　03（3715）2012
発行所　株式会社 学文社　http://www.gakubunsha.com

© Shinsaku AKAHOSHI 2007　　印刷所　新灯印刷
　　　　　　　　　　　　　　製本所　小泉企画

乱丁・落丁の場合は本社でお取替えします。
定価は売上カード，カバーに表示。

ISBN978-4-7620-1709-4

赤星晋作著 **学校・地域・大学のパートナーシップ** ——ウェスト・フィラデルフィア改善組織(WEPIC)の事例研究—— A5判 220頁 定価2940円	米国での学校・地域・大学のパートナーシップのうち，特にフィラデルフィア市の改善組織に注目。パートナーシップの概念，組織，活動の内容，成果を明し，より有効な学校・地域・大学のパートナーシップを考察。1035-9 C3037
関口礼子著 **カナダ ハイスクール事情** A5判 308頁 定価2625円	大学教授である著者が，カナダ・カルガリ・フォレストローン・ハイスクールに体当たり登校し，現地高校生と一緒に学校生活を送る体験記。一高校生の目線から日本とカナダの高校教育を比較考察する。0683-1 C3037
秦由美子著 **変わりゆくイギリスの大学** A5判 312頁 定価2940円	著者自らの大学人へのインタビューをもとに大学管理者,英政府,大学教員,学生それぞれから英の大学をみ実像を際立たせた。いま英でも議論を占める「評価」問題をあげ，大学経営の現状・課題，将来展望を説く。1001-4 C3037
S.トムリンソン著 後洋一訳 **ポスト福祉社会の教育** ——学校選択,生涯教育,階級・ジェンダー—— A5判 256頁 定価2625円	福祉国家をめざしていた英国の転向を中央の管理強化と選択制を促す自由競争市場による教育政策改革の流れを追い批判的に概観。1945年から2000年までの歴代政権の実施した制度と政策を実証的に研究。1466-4 C3037
OECD教育研究革新センター 著 中嶋 博・山西優二・沖 清豪訳 **親 の 学 校 参 加** ——良きパートナーとして—— A5判 300頁 定価2100円	OECD9カ国の実態分析を中心に国際動向を明らかにし，親の学校教育への関与がなぜ今日とくに重要な課題となっているかを解明。地方分権と規制緩和の時代，学校が親の知と力を活用しない手はない。0835-4 C3037
デニス・ロートン著 勝野正章訳 **教育課程改革と教師の専門職性** ——ナショナルカリキュラムを超えて—— A5判 194頁 定価2310円	標準的である英のナショナルカリキュラムに対する関心に応えると同時に，目下日本で進行中の教育課程改革を背景とする実践的な関心に，教師権限強化＝エンパワメントとの新たな分析を，本書で試みる。0786-2 C3037
G.ウイッティ，S.パワー，D.ハルピン著 熊田聰子訳 **教育における分権と選択** ——学校・国家・市場—— A5判 240頁 定価2520円	分権と選択の政策の背景と意味，教職員・生徒・地域への影響，教育の平等・公正原則の様の観点より，諸外国の現今の教育改革を問い，新しい時代にふさわしい草の根からの民主的機構づくりを提起。0918-0 C3037
G.マックロッホ，G.ヘルスビー，P.ナイト著 後 洋一 訳 **国民のための教育改革とは** ——英国の「カリキュラム改革と教師の対応」に学ぶ—— A5判 232頁 定価2415円	主に英国における中等学校教師に関し，過去50年間にわたる「専門職性の政治」の展開を遡り，その政治的特質を考察。ナショナルカリキュラムの影響の本質を見極め，教師の専門職性の限界と可能性を探る。1278-5 C3037